U0017600

綁這束花時，正值法國的春天，我選了春天常見的小手球替花束打底。這束花的寫照，大概是我第一次接觸法國花藝的感受吧。他們好像只是把家後院裡的花隨手一剪，就能綁出一束好花，但這是經過多少時間淬鍊，才能成就的隨興好看。

（右頁）綠色的「山丘」是用苔蘚打造的，紅色的山丘則是藜麥。它們是可以360度觀賞的作品，不需要透過盆器盛裝，只用一小塊插花海綿就可以固定所有花材。這種服貼於檯面的花藝裝置，也適合作為桌花，近距離觀賞。

∴

兩個作品相比，一動一靜。花束裡的大理花美得不像話，但若沒有彩虹鳥蕉的線條和火鶴的色調相稱，好像也無法展現這麼動人的姿態。下圖的大飛燕和多花素馨四處奔放，以藍黃為主的配色，讓作品更加活潑有力。

歐洲的婚禮佈置有無限可能。最難忘的就是在蔚藍海岸的那一場，用了上萬枝藍色繡球花組成的婚禮。其中，吧台上的垂墜花飾，我幾乎是在現場跪著完成的，成品和海岸線的色調融為一體，那是身為花藝師，最有成就感的一刻。

照片來源／ Adonis Fleurs 與 A.P Bloem

說巴黎到處都有花一點也不為過，無論是街邊商店為聖誕節設計的鮮花門框，或是那場我和花藝師 Eric Chauvin 一起為知名法國精品品牌佈置的婦女節午宴，又或是商店內每周更換的花束陳列。花藝無疑是巴黎各種商業空間裡重要的一角。

（右頁）巴黎的花店好比時尚產業，什麼風格都有。有喜歡前衛創新的花藝師，也有靠著經典中的經典換來無數信徒的花藝家，我認為，他們都是巴黎花藝界裡最富盛名的人物，也是對全球花藝發展有著一定影響力的創作者。

上圖／ Debeaulieu 提供
下圖／ Eric Chauvin 花店

∴

比起巴黎的花店，我更愛傳統市場裡的花攤，逛市場是體驗巴黎最接地氣的方式。最推薦便是西堤島和巴士底市集。巴黎人周末上市場買菜，也買花給家裡妝點，甚至到親朋好友家作客時，帶上一束花，都是生活裡重要的儀式。

若在巴黎看到綻放的木蘭花（Magnolia），就知道春天不遠了。皇家宮殿花園是我在巴黎最喜歡的花園，它被長形的四面迴廊包圍著，周圍有咖啡店和藝廊。春夏秋冬、各種花季，都在這個隱密迷人的地方準時上映。

我在巴黎當花藝師

人生中途拐了彎，到法國從零開始的逐夢計畫

曾鈺雯——著

各界推薦

作者以不藏私的誠懇，寫下由過去、現在進行至未來式所構築而成的故事與夢想描繪，為閱讀人開啟了一扇繽紛多彩、花香滿溢的巴黎視窗，無論是奔飛法國築夢踏實之起心動念、學校與實習文化差異及生活不易、還有閒來就走寶藏花店路線、又或工作裡喝咖啡行交際與荷蘭交換學程……等篇章，筆觸輕鬆卻不失雨過天晴般勵志。

而經過大型展宴水裡來、火裡去，偶如金工珠寶師傅、或充作電鋸木工師傅處理花藝設計洗禮下，作者終在「總有一番自己邏輯」的法式慢速中，成功於巴黎開設工作室，繼續演奏專屬她那首，隨意不隨便、不照譜卻依心吹奏的玫瑰香頌。

——王楨媛／花藝裝置設計師

鈺雯年初從巴黎短暫回台灣的日子裡，幸運地和她度過兩回的咖啡時間，聽她聊著巴黎花藝時光裡的瘋狂、疑惑、喜悅、和迷戀……

聊到創業的困難時，她與我們分享著巴黎處處是花店的競爭盛況、政策與租金上對創業者的各種挑戰，但眼神裡總是透著不畏懼的堅定，讀完她的書後，我終於了解那股不畏懼的神情是怎麼來的了！

衷心把這本書推薦給正在摸索方向的你、剛轉換嶄新職涯的你、與已經走在堅定的路上的你，希望你也在書中發掘自己內在與她相應的初心，相信自己在夢想的道路上，總是有人陪伴。

——何芊澐／sybil-ho設計工作室 設計師

人們口中說的浪漫之都究竟是什麼樣子呢？

這本書如同一位溫柔的朋友，伴隨我們在追尋夢想的道路上，給予我們勇氣和靈感。觸動著人心深處最柔軟、最渴望冒險的那一部分，值得每一位對花藝充滿期待的築夢人珍藏。

人生的旅途上永遠都充滿著驚奇，每一個轉彎都可能帶來全新的風景和故事。同樣曾經在巴黎習花的我充滿共鳴。獨自踏上陌生的土地，孤獨卻也享受著。

——范允菲／花藝生活美學品牌 拾米豐瓶 創辦人

讀這本書的時候，我帶有兩個視角：一是作為一般讀者，二是身為花藝師。從讀者的角度來看，我隨著作者細膩的書寫，沉浸於一段勇敢跨出舒適圈的逐夢之旅。以花藝師的身分觀察，則得以一窺法國花藝技職體系全貌。

如果熟知花藝產業，對「在巴黎當花藝師」不會套上夢幻濾鏡，艱辛可想而知。但在了解作者所面對的種種挑戰後，真要強按心中波瀾，在高潮與迭起之處獻上掌聲，一切太不容易。花是我們共同的語言，對比台灣市場環境，時而心有戚戚、時而獲得反思，值得一讀再看。

——**陳致璇／島上花事創辦人**

CONTENTS

PART 2 · 在花店與學校之間

PART

3

我在巴黎有間花店

前言

巴黎，我來了

飛機從一萬兩千英尺的高空再度降落在巴黎戴高樂機場，這已經是我在台灣與法國之間無數次的起降。

二〇二二年好像是生命中如夢的一年，我在這年取得法國內政部核發的獨資型花藝執業證號，正式在巴黎成立一間屬於自己的花藝工作室。雖然談不上是一個相當正式的營業空間，但所有的安排就好像一首隨意吹奏的香頌，不按譜演出，聽起來卻還算悅耳。

決定從台灣出發到法國學習花藝之前，我並不是個剛畢業的大學生，而是有著穩定工作的上班族。日子安定舒適，但好像少了一點熱情。

但在巴黎生活的這些年，我對任何事情卻變得非常飢渴，經常有一種說不出的慾望，從五臟六腑中發熱起來：好想要成為花藝師、好想要得到法國政府認可的證照、好想與哪位很有名的花藝師共事……

要找到自己的興趣絕非易事，把興趣當成畢生的志業更是難上加難，總是好羨慕那些在很年輕的時候就知道自己想要什麼的人，如今自己總算也有了點心中夢想的樣貌，並且逐夢踏實中。

這些年經歷各種大大小小的場合，應該是成為花藝師後始料未及的事吧。好比前些年法國品牌Kenzo的走秀會場、巴黎歌劇院三百五十周年的慶生會，又或是接到前法國第一夫人的電話訂購花束，我居然都能夠參與其中，每當想起都覺得非常不可思議。

在巴黎這個世界大都市遇到的人事物，好像都比其他城市來得有趣些，再怎麼說，都是我在台灣這座島上從未體驗過的。

在法國的文化制度下，經歷求學、求職與創業，還有難以言喻的身分認同問題，有時真的比破蛹而出的蝶還來得掙扎，但一路上我也遇到了許多不求回報的貴人相助，好比一位素昧平生的律師老爺爺，在我的簽證被法國政府拒絕、隨時都有可能被遣返回台的時刻，向我伸出援手，他說他從來沒看過一位年輕人願意遠迢千里，僅是抱著對花藝的熱忱，獨自在法國打拚，他沒有理由不幫我一把，於是親筆寫信向法國的簽證單位協調，也是因為他，我才能在法國繼續我的花藝路。

還有一次，我在工作中碰到了這輩子在台灣從來沒接觸過的有毒植物汁液，不僅手臂大面積過敏，甚至面臨被截肢的風險，在我的法語都還說得比幼稚園孩童更爛的時候，是一位法國的花藝師同事，陪著我到皮膚專科急診室，連續吃了好多天的抗生素後，才救回我又腫又紅又爛的前臂。

法國，一個多麼熟悉又多麼遙遠的國家呀！我們時常在生活中各類的行銷推文上看見「法式」的字眼，顯然法國文化的美好是相當受到認同的，我個人倒是覺得法式比較符合當前所謂的「儀式感」。在巴黎求學的第一年，我就住在那種覆蓋灰色鋅片屋頂的小閣樓中，往床腳那側的窗邊探頭看，可以看到聖心堂一小角的大理石穹頂，光是樓下巷口就開有兩間花店，彼此相鄰不到一百公尺。

法國的花店就像台灣的陽春麵攤一樣普遍，不難想見「花」有多麼的法式，而法國文化多麼熱愛營造「儀式感」。無論是喬遷之喜、慶生派對、生病慰問等場合，都可以送上花束表示心意。花不但可以送作禮，也是買來取悅自己的必需品。比起台灣好像只能作為獻佛用的供品，來到法國後才發現，原來花還能以各種形式存在著。

正是這樣的環境，讓我從那個只會說「為什麼法國人這麼會營造氣氛啊？為什麼法國的花那麼漂亮啊？」的台灣人，變成一個能夠說服法國人愛上我手中花束的花藝師，那些對於美的事物的自然反應，在法國被訓練得更習以為常。

法國人對生活中的美感，有一套獨特的見解。我倒是覺得自己有榮幸可以為這個對於美相當刁鑽的民族提供花藝服務，是一個優美的經歷。回想起當初拋下一切來到一個語言完全不通的國家，追求自己最愛的花藝，途中真的有好幾次，一邊噴淚，一邊收拾行李，打算放棄一切回到台灣，因為它是一個讓法國人自己都想要抱怨的國家，更不用提外來族群在法國生活的各種艱難。

但如果時間真能像卡帶一樣倒轉，回到出發的那年重新做一次決定，我想我還是會在機票抵達地的那欄勾選巴黎，選擇在這個花團錦簇的城市裡，繼續堅持在外人看來有點普通、微不足道的夢想，讓那首隨意吹奏的香頌，在我的花藝工作室中，依然不照譜地演奏下去。

PART 1

為什麼是法國

與花藝的意外相逢

面對人生中的啟蒙，有些人觸及得早，有些人來得晚些，甚至有人也許這輩子都從沒有經歷過吧。然而我第一次被花花草草啟蒙，已近而立之年。我認為自己的啟蒙比起身邊認識的花藝師都來得晚，好多年紀比我小的同業，早已開始經營夢想中的花店，又或是擁有比我更多的花藝從業經驗。

要在啟蒙後探索人生，並找到終極目標，絕非易事。就好比要開一間屬於自己的花店這件事，遙遠到我從來沒想過。

人生中第一次的花藝經驗是在二十六歲那年，在此之前，我從來沒綁過任何一束花，更別說買花、插花了。從研究所畢業後，我在台北的報社上班，完成自己長年對文字工作的夢想，沒想到卻在一次博物館的展場中認識花藝，並愛上花藝。幾年後，我居然為「愛」奔走法國，甚至一去不復返。

始終記得第一次與花藝老師的相遇，她在博物館一隅整理花材、插著花，巨大的花藝作品架在鏤空的鐵框上，必須用力抬起頭才能看見全貌。我向前打擾並問道：「這裡的花，都是由您負責的嗎？」她一邊調整花的角度一邊回覆：「對呀，我每周都會來博物館換上新鮮的花材，如果你喜歡的話，歡迎加入我的花藝班，和我們一起學習中華花藝。」喔～學插花，從沒聽過的領域，我心裡這麼想著。

第二次和花藝老師見面已經是一個月以後的事了，這次，我不再只是一位旁觀者，而是花藝班的一員。人生中的第一次花藝課，面對的是一只陶製的小碗，和沉在陶碗裡佈滿尖刺的鐵片。課程總長三小時，唯一目標就是把花材插到這個叫做「劍山」的鐵片上，成果必須優美而且觸動人心。就在老師分配完花材後，左右兩側的同學已經等不及，駕輕就熟地開始創作，修剪花材的喀嚓聲也不絕於耳。

放眼掃過，同學們的花器各有不同，有長條形的盤子，很像阿嬤在年節時會用來盛裝蒸石斑魚的容器，也有像甕一樣的東西，如果你曾經去過埔里酒廠，一定見過類似的物件。我看著眼前那個不怎麼出色的小陶碗，「盆器的大小也許和年紀成正比吧。」我安慰著自己，畢竟放眼望去，在座各位皆是年長的退休人士。

花藝老師給了我幾朵花和窗孔蓬萊蕉作為葉材，要我從「碗花」開始學起。我茫然地看著眼前的所有材料，不知該從何下手。有些長得過於彎曲的花材，甚至必須纏上鐵絲，才能雕出更美的姿態。

三小時的課程，在幾朵花和幾片葉之間，隨著淡水河岸的夕陽一起下山。這時我才領悟到，原來花藝根本不是所謂的「剪一剪，插下去就好了啊」的邏輯。

四個月後，我的陶製小碗終於被老師換成了中型尺寸，大小就像熱炒店裡，用來盛裝二至三人份熱湯的大碗公。對於花材的名稱也隨著時間推進而更有印象，但始終充滿著很多空缺，畢竟隨著季節更迭，每周觸碰的花材也不盡相同。

在報社上班的日子依舊持續著，我倒是相當習慣下午打卡上班，直到深夜才離開公司的工作型態。一次花藝課後，我帶著所有花藝資材趕往報社上班，恰巧被主編撞見，他見我便說：「我實在看不懂你們年輕人，到底是來上班還是來賣花？回家睡覺的時間都不夠了，還有什麼閒情逸致跟人家學插花，給你過來人的意見，睡飽一點來上班，稿子才不會出錯。」

一年多後，我辭職離開報社，也搬離了台北，這個決定並不是被主編的一番言論所影響，而是我想了想：「比起在深夜裡敲打鍵盤，這個世界或許存在其他更有趣，而且更真實的行業？」雖然路線不甚清晰，但如果不趁行有餘力時多加嘗試，又怎麼能找到屬於自己人生中的終極目標呢？

告別報社後，沒有意外地，我也暫別中華花藝班。我在最後一堂課向花藝老師請教，有關她對於西洋花藝的看法，只可惜未果。她倒是熱情地給了一支電話號碼，並告訴我：「回台中後如果想繼續學花，可以和這位教授西洋花藝的老師聯繫。」但幾年來，那張隨手撕來的紙條早已變色泛黃，而我卻始終沒有撥過這通電話。

我頂著學過一年中華花藝的光環，打算將興趣扶成正宮，熱切希望能找到一個與花藝有關的職位。我想，台中市的所有花店，大概都收過我寄出的那份「花藝從業經驗零，但學習態度相當積極」的履歷表吧。只是現實與理想總有落差，我收到的面試機會屈指可數，就算有，也免不了招來其他花藝師的歧視眼光，懷疑我的專業程度。

幾個月後，在各種生活壓力下，我打消了到花店從業的念頭，順利回到母校重拾研究工作，工作內容和編輯台的任務頗為相似，仍是對著鍵盤敲敲打打，生活相對安逸穩定，至於該如何實踐人生目標，好像也不是現階段的必需品，反正日子過得不錯，三不五時能出國旅遊或和朋友們踩點新餐廳，足矣。於是花藝工作這個夢想，就這樣被擱下了。

決心出國

有了在台北學花的經驗後，我變得更喜歡四處觀察植物，有空時也會到花市逛一圈，買些鮮切花在家無師自通地創作。除了朝九晚五的上班生活外，我似乎沒有餘力重拾學花的興趣，除了作品無法驚豔自己外，更無法說服家中長輩，讓花藝成為一種能自給自足的才能。

畢竟花藝，說來也算是一種生活上的奢侈品。花藝課的學費是一筆開銷，真正買花運用在生活中，又是另一項價格不菲的消費。

直到有一天，即將舉辦婚宴的朋友傳了一封訊息，要我替他規畫婚禮花藝佈置，在校園上班的生活就此有了轉變。

那場婚禮很幸運地並沒有搞砸。只是比起六十年老店賣的台南擔仔麵，嘗起來有各種不同層次的鮮香，我的作品比較像是路邊隨處可見的陽春麵，沒有什麼值得稱讚或探究的藝術深度，簡單來說就是未經雕琢的家常料理吧。畢竟我僅學一年的中華花藝和婚禮常用的西洋花藝有很大的不同，婚禮要求的是浪漫的新娘捧花、唯美的鮮花花牆，我那套又是劍山又是陶碗的手法，要怎麼跟這種大喜的場合沾上邊呢？

只不過自從那場婚禮後，埋沒已久的花藝魂，像久旱未雨的森林野火，四處燃起，蔓延到YouTube上的各種花藝教學影片，有時則燒到各大書局的自然花草叢書裡。眼看這把火是連直升機灑水也澆不熄了，我開始思考出國學花的可能性，因為說到花藝，我還是有好多不足之處，還有更多好想知道的求知慾。

我考慮了幾個花藝文化蓬勃發展的國家，依序列出美國、日本、英國、德國、荷蘭及法國，其中幾個還是台灣頂尖的花藝師，拍胸脯推薦。這些國家確實都有不錯的花藝專門學院，有私人機構亦有公立學校。就語言來說，美國與英國確實是首選，但想到父母親已經把我供到研究所畢業，實在沒有理由再當伸手牌，索取昂貴的學費與生活開銷，更何況標的是花藝學院，而不是眾人皆知的常春藤名校。從小聽到大的教訓總是這麼說：「念藝術？賺不了錢的啦！」

再者，日本有發展已久的池坊花藝，在台灣也可以找到不錯的老師學習，我的母親學習池坊長達二十年，我的花藝魂也許遺傳自她，但要我去鄰近的日本學習一個在台灣盛行已久的技藝，吸引力好像比不上西洋花藝來得強烈。

我曾經在十年前造訪過柏林與德勒斯登兩個德國城市，對德國留下深刻的印象，甚至為愛學了半年的德語，但這條德語學習之路就和那段曾經的愛情般，無疾而終。在我的個人經驗中，德國的文化相對保守嚴肅，但花藝卻是那麼地天馬行空，一個既柔美又嬌豔的藝術表現。真有幸到德國拜師學藝，又該如何從中取得平衡？

如果到荷蘭一趟，勢必能開拓花藝的眼界，畢竟這個「小國」手中握有全世界百分之六十以上花卉進出口貿易，此外，還有世界出名的鬱金香花田，想必這裡的花，一定比世界各國的售價低廉許多，而且荷蘭風氣自由，生活品質名列世界前茅，對花藝教育一定毫不馬虎。

離荷蘭不遠的另一個歐洲國家——法國——浪漫的象徵，還有人稱花都的巴黎，即便人還在台灣，我早已想像著一邊喝紅酒，一邊學習花藝的景象，滿是雀躍。

從決心出國進修花藝，到真正出發的那一刻，時隔兩年多，其中的各種阻礙比想像中的複雜，除了對家中的長輩有所牽掛外，當然免不了對未知的恐懼，害怕改變現狀，更害怕離開台灣到一個未知的場域，學習一項全新的技能，況且我在台灣還有份穩定的工作呢，如果就這麼離開，我活了將近三十年的人生，恐怕要脫離現實狀態，一百八十度大轉變了。

準備出國的短短兩年倒也不是就這樣荒廢了，我除了認真搜集各國花藝學校的資訊外，也到處打聽在台灣考取花藝證照的方法，只可惜所有的答案都無法滿足我對花藝的各種想法。

既然如此，何不就拋下在台灣的一切遠渡重洋，翻轉原有的生活，到國外看看花藝的各種可能性呢？比起坐井觀天，說走就走好像來得更有願景些。只是，我最後為什麼會選擇法國呢？

為什麼是法國

關於法國的故事，我在抵達前，已經在台灣聽得夠多了。例如，走在巴黎路上隨時都有被扒手襲擊的可能、法國人不講英文又愛爭論、法國人抗議罷工火燒車樣樣來、法國政府的行政效率好比龜步等等。

但是這樣的法國都是聽來的，而且為了花藝，就算現實有多麼殘酷，應該都可以熬過去吧？心中若有理想，就要繼續走下去，才能知道自己究竟能走多遠。

我對法國的各種想像幾乎與電視廣告如出一轍，浪漫閃爍的巴黎鐵塔、花團錦簇的城市景觀、人人必備的貝雷帽，還有倚在窗台上的各種家貓……早就深植腦海揮之不去。在離小島一萬多公里遠的地方，有發達的香水工業、屹立不搖的奢侈品產業，甚至眾多知名的藝術家都曾受法國文化孕育，但最吸引我的還是——巴黎這個在東方社會裡貴為花都的美稱。

既然擁有花都的美名，那這座古老的城市，總不會離花藝太遙遠吧？

幾年前，我曾在朋友的邀請下到巴黎拜訪他。由於學習建築設計的背景所賜，他帶著我看了不少世界出名的古蹟。依稀記得那裡的奧斯曼建築很法式，其中最印象深刻的大概就是花店的數量了，巴黎的花店幾乎座落在各個街角，甚至是小巷弄裡。這座城市的花店分佈密度，不亞於台灣島上到處都有的便利商店，在巴黎街頭看到抱著花束回家的行人，似乎也不是什麼值得驚訝的畫面。買花可不是什麼奢侈的消費行為，買花就是經營生活情趣的一部分。

聽朋友說，在法國的生活成本很高，但比起英美等國，到法國留學的性價比倒是相當不錯，除了政府對任何國籍的學生都提供住房補助外，巴黎的文化藝術學位，在世界排名中總是名列前茅。對我而言，比起開口說英文，法文說起來就像隻慵懶的貓，與我的個性或許小有吻合，尤其是法國女人特有的氣息，窈窕的身形、時髦的裝扮、細緻的紅色雙唇，讓我對法國文化總有更多美好的憧憬。

我開始利用下班後的時間學習法文，但有外語經驗的人應該不難理解，一周兩個半小時的課程，絕對不足以應付未來在異地的生活起居。想在台灣找到可以說英文的場合都不容易了，更何況是想在台灣練習一口流利的法文。

我嘗試用最初階的法語字彙，在網路上搜尋各類法國花藝學校。搜尋引擎上各種與花藝相關的資訊充斥，看著法國的連鎖花店文化、時裝產業與花藝結合的案例、獨立花藝師的經營型態……讓我更加確定前往法國學花藝的決心。

其中最吸引我的大概是法國教育制度中特有的學徒制（Apprentissage）。學徒制與台灣的甲乙丙級技術認證相似，都須透過考試檢定才能取得證書或是學位。但在法國，除了透過在校學習考取證照外，他們更堅持產業實習的重要性。沒有實習經驗的學徒，幾乎無法從學校畢業，更難在就業市場中取得工作資格。

法國的職業訓練體系非常健全，政府鼓勵「職人等級」的專業培訓，所有需要身體力行的產業，幾乎都能找到相關的職業訓練學校，這些職人不僅有花藝師，還有古書縫製師、金工師、屠夫，甚至是釀酒師，各行各業都可以經由特定職業學校培訓，變成不同等級的職人。

以花藝師為例，職人等級由初等至高等分為ＣＡＰ（Certificat d'Aptitude Professionnelle職業能力證書）、ＢＰ（Brevet Professionnel職業文憑）、ＢＭ（Brevet de Maîtrise講師文憑）三級。

無論何種級別，都必須進入教育體制接受學科與術科訓練，並在就學期間同時到產業界實習。其中最棒的是，實習時資方必須依照年齡級距給薪，這對將再次踏入學校體系的我，真是一大助益。畢竟三十歲的伸手牌，實在不好當，如果我能在法國自給自足，日子也能過得踏實些。

幻想著自己在法國成為政府認證的花藝師那一幕，用流利慵懶的法文替顧客設計花束，又或是，握著自己的手綁花，穿梭在奧斯曼建築林立的小巷裡，全心全意地經歷與台灣文化不同的異國生活。

這些法式到不行的想像，讓我更加確定自己想選擇的道路。就算身旁同齡的朋友群，都已經開始過著「穩定」的生活，買房、買車，甚至建立家庭，但每個人對生活的想像與節奏都有所不同，我又何必隨著合唱呢？

至於這條道路能走多遠，總得出發，才能知道。

就在邁入三十大關前，我買了一張單程機票，目的地法國巴黎。在各種可能是真心的祝福與懷疑的眼光中，離開正值春季的南方小島，準備迎接屬於自己的法式生活，天真地以為兩年後會完成學業，按著回台創業的計畫脈絡前進。但巴黎就這樣年復一年的，用盡所有的魔力，把我留了下來。

在巴黎遇見花

永遠記得飛機進入巴黎市區，逐漸降落的那一刻。機長廣播說道：「我們即將衝出厚重的雲層，歡迎來到法國巴黎。」眼眶中的淚水，隨著飛機下降一同著陸，我哭的是害怕、是感動，是兩年多來的等待，終於隨著這架波音班機，成功抵達目的地。

同一天，我帶著三十公斤的家當，搬進了一個帶有鋅片屋頂的五坪小套房，好在這棟百年老建築，早已經歷改建，垂直的旋轉樓梯旁，有台單人用電梯，否則無法想像那巨大的行李，該如何扛上頂樓。

套房顧名思義，是單人床、兩口灶和浴簾隔起的乾濕分離，全部擠在一起。所幸，屋裡還有一扇窗，只要探頭往天際線一看，便能見著聖心堂慘白的拱形穹頂，哪怕只有一小角，都像是最明確的暗示，巴黎不遠，正在腳下。

我拍下窗邊的景色，傳到家人的對話群組，除了報告人財均安以外，言外之意就是要證明人在巴黎，辭去台灣的職務並非沒有道理，自己的人生自己決定，哪怕跳脫既有的社會框架，還是可以活得很有姿色。

再往窗外看一眼，巴黎的磚紅色煙囪矗立，像雨後春筍般，從灰茫茫的鋅片屋頂上長了出來。難以置信的是，昨天，我眼裡的天際線只有鐵皮與水塔縱橫交錯的樣子，一切都熱得像在融化。

起居安頓好後，我沒有忘記來法國的目的，開始到處尋覓巴黎的花店，希望能找到工作，賺取生活費。畢竟放棄一切來到這座夢幻的城市所費不貲，總不能在願望實現前，就把自己活活餓死。

兩三個月來，實際拜訪並登門送上的履歷表，應該有一百多張吧。雖然收到二次面試的通知寥寥無幾，用雙手就數得出來，但我索性把它當作巴黎花店的地毯式巡禮，每一區的花店各有不同流派，每間花店的選材也各有風格，它們都被我一一建檔，放在名為沒有錯過的資料庫裡。

我第一間面試的花店就在租屋處的下個街口——烈士路（Rue des Martyrs），對於當年的我來說，這間花店簡直前所未見，各種豐富、飽滿、碩大的花材陳列在透明花瓶裡，各種層次的色調分區擺放，一叢粉白的、一叢藍綠的、一叢橘黃的，很多都是我在台灣從沒見過的切花，所有的場景都比我想像中還要滿足好幾倍。

感謝兩年前的我選了法國當作學習花藝的目的地。我再次肯定自己。

「日安，抱歉打擾您工作，請問您有在徵實習生嗎？」

店員飛快地說起一長串法文，我雙眼發直地看著他，自從他回覆「日安」二字後的所有字句，我完全略過了。即便他放慢速度再說一次，還是改變不了什麼。

「我們確實正在找九月即將入學的實習生，但如果你不會說法文，是無法在這裡工作的。我可以把你的履歷表轉交給老闆。」他好心地用不太靈光的英文向我解釋。可想而知，我再也沒有收到這間花店的任何回覆。反正是第一間，當作練習吧，我並不沮喪。

時間不斷前進，我等著眾多的面試通知直到春暖花開，巴黎的各個角落都被盛開的櫻花填滿。五一勞動節的前幾天，我登門拜訪那間位在巴黎第六區聖日爾曼市場裡的花店，春天的生命力，總帶給人各種希望，我覺得這次，絕對沒有問題。

三位年輕的法籍花藝師和一對夫妻正在準備五一勞動節必備的鈴蘭花。

「因為你的法語不好，我們必須透過英文溝通，這樣吧，你可以在五一勞動節檔期到店裡幫忙，如果沒問題，我們就來簽實習合約，你可以去花藝學校上課，也可以同時到花店裡受雇實習。」老闆娘支開所有人，單獨用英語對我說道。

興沖沖地，連續三天的早上七點到下午六點，我都準時且盡責地在這間花店裡「實習」。法國人堅信，五一勞動節互贈鈴蘭花，能為收到的人帶來一整年的好運與幸福。我就這樣搭上這波勞動節旺季的順風車，解鎖三十年來，生命裡第一次的花店實習工作。

只是，那是一次慘不忍睹的經驗。

我不但什麼都不懂，再加上語言隔閡，這三天來的一切就像一場災難，我這輩子從來沒有在職場上這麼難堪過。

「天啊，你怎麼把百合花的葉子全部都拔除了？」一頭灰髮的法籍老闆像鍋蓋炸開般，在顧客面前對著我歇斯底里地吼叫著。好多年以後我仍然會想起這一幕，畢竟一枝白色的百合花在店面裡的售價為台幣六百塊，我手裡共有二十幾枝，全都沒了綠葉，老闆有必要讓我難堪。

三天來，我成了一位只能在店裡幫忙澆花、洗花瓶、掃地及倒垃圾的「啞巴實習生」，百合花事件後我再也沒碰過任何一朵花，做任何事情都帶著不安，即便只是例行的掃除，我都對自己的能力抱持著懷疑。

「謝謝你三天來的幫忙，但我和我丈夫及其他員工討論後，認為你並不適合和我們一起工作，祝福你接下來求職順利。」可想而知，我在試用期過後被退貨了，更慘的是，連法定的試用期實習津貼都不曾收到。

在法國遇到困難如果無法用法文溝通，就像啞巴吃黃連有苦說不出那般的煎熬。不但無法順利找到工作，也無法大膽地向雇主索取報酬，那是住在巴黎一個多月來，第一次留下絕望的心酸淚，不是流淚，而該以嚎啕大哭形容。

我不禁自問，為什麼要選擇來到這個陌生又沉默的大都市？為什麼要選擇這個我一點都不懂的行業？有熱情，但是然後呢？巴黎的任何一切都貴得不像話，不會說法文、不會綁花、沒有工作的我，要怎麼在這裡生活下去？

兩個月後，我還是沒有應徵上任何一間花店。一切就像停在兩年前，我下定決心的那一刻般，毫無改變。這次，我沒有張牙舞爪地向爸媽通報，而是把愁雲慘霧留在自己的巴黎。我搭的波音班機，確實衝出雲層，順利降落，但我究竟是何時，才能揮別一大片烏雲，找到正確的航線。

想到這裡，我不禁懷念起那個讓人濕熱難耐的家鄉。

如願綻放

也許兩個月來的磨練是上天的安排，只為了成就一個需要更多勇氣的夢吧！就因為一切得來不易，我才會在往後的各種困難中，告訴自己，再多撐一下下方能柳暗花明，只是一村又一村，不知哪個才是真正的終點。

我安慰自己，在那一百多張寄出的履歷表中，只要能獲得百分之一的機會就足夠了。我就能在巴黎花藝師學校（École des fleuristes de Paris，已於二〇二三年改名為國立花藝師學校 École natio anle des fleuristes）就讀，在夢想已久的巴黎花店實習，畢業後順水推舟地回台灣創業，告別打卡上班的日常，努力耕耘自己真正喜歡的事物，一定會有收割的一天。

但在各種悲慘的求職經驗後，我發自內心地相信，一切將以失敗作為結束，在法文無法「輪轉」前，我鐵定找不到任何實習。沒有實習就不會有收入，也無法正式入學，我已有最壞的打算，便是回到家鄉，一無所有地重新開始熟悉的生活。

疲憊地回頭看這一路走來，怎麼滿是黑暗。不但丟了台灣的工作，在法國的求職路，也走得不甚順遂，所有的家人朋友都在十萬八千里遠的地方，愛莫能助。我捧著自己的淚水，頓時體會，原來這就是夢想的重量，沉甸甸般難以支撐。偌大的巴黎似乎容不下我這個小小的身軀。

只是，沒有時間悲傷下去，在巴黎哭泣的成本實在太高，應該把這些力氣拿去拜訪更多花店，向他們毛遂自薦一番。

一個風和日麗的早晨，那個百分之一的機會終於從我的智慧型手機裡發出聲響。「日安，我是某某花店的店長，我對您的履歷非常感興趣，請問您方便來花店面試嗎？」

「非常謝謝您來電，我立刻可以過去面試。」我羞愧地接著說，「請問您是哪一間花店，我的法文不好，您可不可以把地址寄到電子信箱給我呢？」

電話一頭的女士再次口頭重複了店名與地址後，便告訴我「下午兩點在店裡見，謝謝」。電話那頭傳來了掛斷的嘟嘟聲，而我一個字也沒有記下來。

好在我透過來電顯示，按「碼」索驥找到花店地址，只是面試的這天剛好遇到地鐵罷工，我搭的那班車，居然在凱旋門附近毫無來由地把所有乘客趕下車，初來乍到的我，呆坐車廂，望向水洩不通的地鐵出口，搞不清究竟發生了什麼事。看著手機地圖上地鐵站與花店的距離，相差好幾公里遠，一心只想放棄這個得來不易的面試機會，反正，這次我一定也應徵不上。

剎那間，由身體裡生出萬惡的恨，除了恨這個國家外，更恨的是自己當初的抉擇。法國人在浪漫與散漫間，僅一字之隔。

那個地鐵罷工的日子，真的有那麼一刻，就要打碎我已殘破不堪的意志。但，我本來打算要放棄的這間花店，居然成為日後在法國的生活重心，我在這裡學到所有有關花藝的知識，甚至比學校來得更多。這位撥電話給我的女士，則成為我的嚴師，也是我在法國屈指可數的益友。

我穿著新買來還很咬腳的黑色皮鞋，搭配連身套裝與絲襪，一路從凱旋門跑了三、四公里遠，就為了準時赴約。女士看著我被汗水融化的眼妝，打量了一番說：「你會綁花嗎？綁一束一百歐的花束來給我看看。」

「首先，這束花看起來沒有應有的價值，也就是我認為它不值一百歐，再者，我也看不到每朵花應該有的自然姿態，而且你的花束沒有螺旋花腳，所有的花材通通擠成一團了。但不用擔心，這些技巧都是可以學習的。我看了你在台灣的經歷，很欣賞你的勇氣，我喜歡有責任感與對生活認真的人，我從事花藝這一行已經將近四十年，我相信自己的眼光。恭喜你錄取了，文件繳齊後，就可以開始實習。」

我又驚又喜，支支吾吾地回答：「可是我已經三十歲了，你真的願意用我嗎？」

「三十歲怎麼了嗎？三十歲很好很完美啊！我就是欣賞你願意嘗試新生活的勇氣，我喜歡這種氣質與力量。你的履歷表上寫著，有工作經驗又會說英文，這不是很棒嗎？你應該要肯定自己的價值才對。只是醜話說在先，我帶人可是很嚴格的，如果你願意接受挑戰，歡迎加入我們的團隊。」

喔～哇～我從小到大沒聽過這種顛覆邏輯的答案。

顯然，一直以來，我們都被框架所限制了，即便我遠道而來就為了體驗異國文化，擺脫那些在台灣難以改變的刻板印象，但沒想到我脫口而出的第一個疑問，還是離不開世俗規範。

三十歲，未婚、無後、沒房、沒車，看來在法國不是什麼大不了的問題，還可能是一種很完美的狀態。

我原以為找到實習會是這段法國旅程的終極目標，之後的一切就能一帆風順，但人生並非按表操課，每個階段都會有不同的問題與障礙，我們都在人生的時間軸上不斷地前進與學習，武功只能一直練下去，從沒有停息的一天。

在法國經歷了一些年後我才理解，做自己喜歡的事，是從好多的不喜歡中，換來一個珍貴的喜歡，是從好多垂頭喪氣的淚水中，換來一次喜極而泣。哭，是一種能力，有能力悲傷，也有能力歡喜。

這是好幾個月來，我第一次在法國流下開心的眼淚，原來夢想的重量不一定是沉甸甸的淚水，它也可以是一朵朵綻放的櫻花，讓風帶領著，輕盈地飄向，我未曾到過的所在。

終於起程

要說法國文化有多麼讓人趨之若鶩，我認為是老生常談。當初選了法國作為學花藝的目的地，真正的理由之一是被學徒制所吸引。依照法式潛規則看來，要變成一位真正的花藝師，除了要能懂理論面外，實作面也非常重要。

身為一位邊做邊學的學徒，我不僅要到花藝師學校接受培訓，還要找到一間合適的花店實習。成功和實習花店簽了賣身契後，才能正式入學。我必須維持一周到學校上課，兩周到花店實習的頻率，而這一賣，就是兩年。

不管有沒有聽說，法式生活準則第一條就是慢慢來。從簽約實習到真正入學，已經是一個夏天過後的事了。亞洲人講求的效率與速度，在法國必須統統丟掉，事實就是，遇到問題，除了要耐心等待，法文還要有一定的程度，發揮打破沙鍋問到底的能力，否則這輩子都別想得到回應。

自從學徒生活正式開始後，我才體悟到，原來先前遇到的困難都不值得一提。確實，從決定離開台灣到法國闖蕩，接著順利找到實習，已算是劈開各種荊棘路，但各式各樣的問題卻是在實習時、在學校時、在生活時，正式蔓延開。

嚴格來說，學徒生活才是我離開台灣後正式的起程，航往神祕且未知的旅途。第一條登場的荊棘路便是，我必須要用一個不太會用的語言，學著和新同事攀談，學著和新同學交陪，學著和新生活更熟一點，學著我這幾年來都還一直在學習的法國文化。帶領我遠航的船，確實找到了新大陸，但登陸後才是挑戰的開始。

學校開學的第一天，我並沒有如期報到，反而是依照規定，先到花店進行為期兩周的實習，接著才到學校上課。畢竟學校的腹地沒有想像中大，說來也只是一棟兩層樓的建築罷了。依照學校的課程安排，每周都有不同年級的學徒，輪流使用相同的場地上課。

我像一位大一入學的新生般，對無人控管的生活充滿憧憬，似懂非懂地擁抱各種可能性。首兩周的實習生活，我對同事的任何要求都說Oui（中文的是），即便很多時候我根本不明白對方要的是什麼。和過往的人生一比，才發現原來三十歲的我，憑著一股戇膽，好像比起十年前，活得更青春洋溢。難怪那位選上我的店長把三十歲稱為完美。

實習花店的主理人是法國花藝界著名的花藝小王子，不但負責過無數場時裝走秀的會場佈置，還接過無數次大咖明星的婚宴，或是政商名流的喪禮。我的同事全部都是土生土長的法國人，各個年齡層都有，總計十幾位，外加一位負責店裡大小事的店長，及三位貨運司機，顯現花店的生意還算不錯。

和同事間的對話因為法語的隔閡，總是有一搭沒一搭地，更不用說服務客人的時候了。有些同事，我喜歡跟他們一起工作，他們總在我遇上麻煩時，拔刀相助，替我擋著客人的怒髮衝冠，又或者，傳授一些我在學校學不到的花藝技能。有些同事，冷淡又愛計較，他們受不了我又破又慢的法文口說能力，在我還沒解釋清楚狀況時，便轉身離去，典型法國人怕麻煩的個性。

對我所有的同事來說，花藝就像一句法文俗語描述的，猶如兩隻指頭插入鼻孔一樣簡單，大家都是信手拈來。雖然花藝不需要語言，但人與人之間總是需要透過語言讓世界運轉。而我，則是兩樣皆空。

職場壓力處處皆有，即便到了法國也不例外。雖說兩樣皆空，我還是在實習的第一天，啟用台式法文向顧客寒暄，搭配從沒接受學校正式訓練的雙手，提供技術服務。

凡事起頭難，但這個困難的陣痛期居然持續了一個春夏秋冬。我就像一個看不懂樂譜也不會演奏，卻想上台表演的鋼琴師，時常用不和諧的旋律，把觀眾統統都趕出場了。

時至今日，我依舊對人生中的第一位法國顧客充滿歉意，那絕對是他有生以來買過最醜的一束花。如果可以，我好想再為他服務一次，用我這幾年來所學，親手綁一把最美的花束給他，感謝他海涵我的法文能力和不入流的花藝技術，證明那位當年不諳法式美感的亞洲人，也能用盡各種努力，做得到而且做得很好。

比起實習，學校的氣氛倒是有很大的不同。實習形同工作，凡事必須戰戰兢兢，要面對客人，也要面對同儕上司。反觀學校，到底是用來學的場域，教職員們總對外籍生有較多的退讓。只是法國人容易不耐煩、處處發牢騷的反應，還是在我法語說得很爛時，不斷上演。各種溝通上帶來的障礙，讓名為勇氣的山丘，依照危害等級，偶有落石，嚴重時地層滑落，甚至搭配淚水帶來土石流。

法文既不是我的母語也不是我的第一外語，但大可放心的是，在困難出現時，法國人絕對不會用英文協助你。想用其他語言在法國好好生活，絕對是一場空談。

如果時間真能倒退回到幾年前，我一定會毫不遲疑地，捨棄與情人、與家人、與朋友的所有約會，用盡大把時光埋頭苦練法文，我也一定會豪邁地把購物預算，轉列為法文學習經費，一對一地巴著我的法文老師不放。若有更多資金，提前一年到法國當地的語言學校練地道的法文，應該會是學習這門語言的最佳解方，然後才能在法國開始好好地過生活。而不是處處碰壁，用不太會說的語言，永遠鬥不過愛爭論的法國人。

有時候，真的恨不得把自己的頭腦進化成一台翻譯機，能在學校好好地回答老師的提問，能成功地打入法國同學們的小圈圈，也能在實習時聽懂客戶的需求，用一口流利的法文衝破所有藩籬。

人生故事的發展總是和我們當初所設想的完全不同。我從小就在學校和補習班之間學著說英文，但到頭來，卻操著一口法文，四處闖蕩。高中畢業時，我以為將來可以成為一位護士，但大學畢業那年的目標，卻渴望著通過外交官特考。然而後來，我成了一位留在巴黎的花藝師。

好在，我離外交兩字不太遠，反正都是在國外，我有時也負責向充滿好奇心的法國人介紹台灣文化。想想，花藝師也有點護士的影子，只是我透過植物來療癒人心。

但終究，在花草間來去，是我喜歡的樣子，而且我為能夠經歷這些片刻的自己感到無比驕傲。

說到法文

母親是自我有生命來，第一位接觸的人。母語是自我會開口說話後，第一個發出的聲音，從此，這門語言如同母親，教會我學習、思考與人交流，兩者皆成為生命中的不可或缺。

身而為人，如果無法透過語言建立關係，那情況就像在無人島上求生一樣，無依無靠。初到法國，時有所感。在異國善用當地語言，多麼重要，但我卻時常因為說不好，甚至不會說，讓唯一可以溝通的橋梁，硬生生斷裂，怎麼樣都無法打入法國人的生活圈。

文化隔閡是外來者常見的病灶，而語言把這樣的距離輕易地拉得更遠了。尤其是，作為一個非英語系國家，當它粗略地檢視一位外來移民時，首先從語言能力打量，如果法文說不好，往往有種此病難醫，以此作為起點之後，皆為無法治癒的思維。

我也確實在台灣學過一點法文。那是和十來位台灣人一起坐著聽老師用中文講解外語，那也是在法文課本裡，看著問答題，修修改改填入答案，更甚，我在對話課本上，用ㄅㄆㄇ標註句子發音，就怕被點到要念課文時，換來張口結舌的糗態。在母語國家學外語，何其困難，在台灣怕，到了法國更怕。

語言，學起來是一回事，說起來又是另一回事。

法文，我的第二外語。我拿它，作為在法國開疆闢土的工具，顯然無法穿牆鑿壁，事實是處處碰壁。從咿咿啊啊的口語障礙，轉變為有點傷心的精神傷害。和法文巨獸搏鬥的初期，絕對是，恐懼有淡定沒有，失敗有順利沒有，流淚有微笑沒有。

起初，法文真說得不好，更致命的是，我試著在法國用中文解決生活中的大小事。閒來無事就看看台灣電視節目、遇到問題就輸入中文搜尋解方、上台灣人成立的臉書社團認識新朋友，一切彷彿活在台灣，只是佈景不同。

好在，校園裡和實習時的環境，慢慢地默化潛移原有的中文習慣。學校的板書寫的是正規法文，同學間的對話是較無修辭的日常用語，面對客人時要學會用「您」來提供服務，法語模式慢慢地深入生活中。但這就像數位相機提供的各種濾鏡模式，永無止境地切換，難逃出錯甚至當機的命運，一不小心，還是會不經意地蹦出一句中文，把事發現場搞得鴉雀無聲。

有次實習時，同事瑪蒂問我，你現在算數都是用什麼語言思考？我想了想，好像還是以中文為主。「中文思考簡單多了，畢竟法文的算數算起來很要命，例如，七十三說起來是六十加十三，九十說起來四個二十與十，我通常會在心裡用中文數數，然後再用法文向顧客宣佈價格。」

「你上次不是問我，怎樣才能把法文說得跟法國人一樣好嗎？你以後不如試著用法文算數，我可以再推薦你看幾部老掉牙的法國電影，也許可以提升你的法文能力。我的習慣是，每天下班回家都會打開電視新聞播放，雖然那些政客聊的都是沒有意義的主題，但我還是喜歡邊聽邊煮飯，你或許可以試試。」

瑪蒂是土生土長於巴黎第十八區的法國女人，花藝從業年齡二十年，她是我在花店裡最好的朋友，她綁的花不需要酒精加持便可以醉人。瑪蒂列了一串電影名單，要我看尚—皮耶・居內導的《黑店狂想曲》、路易・德菲內斯演的《大進擊》、還有盧貝松的《碧海藍天》。

法文好像除了用來說以外，還必須用來了解當地的歷史文化與人文生活，開慢火加熱，把自己融成法國的一小部分。只是，一開始真的很難，但如果能提高用法文學習法國文化的百分比，那麼活在這個國度會變得有趣很多。因為這總比坐在巴黎的小套房用中文和朋友聊ＬＩＮＥ、打開電視連接YouTube收看台灣節目來得刺激。

我的法文似乎是在看法國電影、聽法國新聞中進步的，因為這些瑣碎的生活細節，都成為可以進一步和法國人交談的主題，用法文聊法國生活時事，絕對是語言能力進級的不二法門，尤其是，會說、會表達、會聊天，是一項多麼重要的法式生活禮儀。

我也很喜歡下廚，但起初在法國生活，只會努力燒菜尋找家鄉味，蝦米、米酒、麻油、醬油膏都是法國超商的進口貨，不但昂貴而且不是真的Made in Taiwan。所幸，我開始翻閱法國的食譜書，學著用當地食材下廚，用法文學做法餐，下廚能力跟著法文一起昇華，一起變得更好。

可不是嗎？千里迢迢地來到，就是為了擁抱一些在小島上沒有的人事物。

有一次，那是我第一次用法文在夢中和他人對話。這個夢境，我在法國足足等了兩年，總算遇上，醒來後語言魂竄身，像剛練完氣功一樣渾身是勁。看來又向前一步了，又征服了一些墾荒已久的領地。

我知道，唯有把法文說得更好，才能去更多我想要抵達的地方。法文和花藝，是以前的我從未想像過的，但它們卻和未來的我不斷連結。我學著用法文生活，學著讓法文成為生命中的第二個母親，要她教會我，我已經認識卻不甚熟悉的世界。

學語言很難，唯有用力融入，總有那麼一天，可以打通任督二脈，從一個什麼都不談的語言啞巴，變成停不下話匣子的法國文化高手，這些都只有下過苦工默默耕耘，才能在異國換來血氣通暢的舒服自在。

PART

2

在花店與學校之間

上學去

原以為從台灣的職場再次回歸校園生活可以過得放鬆一點，不用關心上司臉色，不必與同事經營感情。在學校，每個人都是塊獨立的海綿，彼此相安無事，各憑本事地存在著，能吸入多少知識量，就看下多少功夫，誰也不靠誰，只靠各自努力。

但法國文化可不存在這類簡單的邏輯。善用法文聊出關係，是體制內的潛規則，在法國無法聊天侃侃而談，就像是不會高歌的金絲雀一樣，儼然是隻羽毛無光的普通小鳥。

開學第一周說不上真正的上課，老師們對學生的來歷充滿好奇，法國學生用母語喋喋不休，我卻總是支吾其詞。第一周的第一堂課八點四十五分準時開始，放眼望去，各個金髮碧眼。

「大家好，我來自台灣，主修政治科學，曾有過五年的工作經驗，今年剛滿三十歲，已經在某某花店實習兩周。」我用法文緩慢地描述身世，眼看在座法國人滿頭霧水，我再次用英文轉述，一切尷尬得可以。但始終不明白，是哪個環節讓氣氛如此僵硬，是我的國籍吧？也許是年紀？還是那該死的口語能力？

班上同學年紀最小的一十有六，除了我以外，最年長的不過二十歲。我成了不折不扣的老阿姨，幾輪自我介紹聽下來，我也是唯一有過工作經驗的人。但倒是有那麼一陣子，我對自己的年紀莫名驕傲，每當課堂上出了狀況，老師總會說：「不信你們去問看看年紀最大的那一位。」我好像也贏得了一些焦點。

我承租的套房離學校不太遠，大概十站地鐵的距離。有些同學是必須在清晨搭上區間車趕來的，他們所在的鄉鎮並沒有廣泛設立各類技職學校，而且花藝學校畢竟不像普通教育那樣有必要遍佈在各個地區。

大家都為了花遠道而來，我當然也不例外，只是比起腳踏車、公車或區間車，我搭上單程飛機，遠渡重洋地來到。看著同學們急著下課的樣子，回家後勢必有熱騰騰的飯菜等著，我則是偶爾選擇散步回家，讓受了法文摧殘一天的耳根清靜，再想想晚餐該煮什麼來吃好。

走路回家必會穿過肖蒙山丘公園（Parc des Buttes Chaumont），

比起公園，倒不如稱這個坐擁二十五公頃的地方為森林吧。這裡的樹，有的已經活了一兩百年之久，它們高大又穩重，隨著四季交替有規律地變化著，秋天的落葉和春天的綠芽是不會騙人的，我經常在放學後來這裡受它們的慰藉，想著它們踏實地活了這麼久，我好像不該再為自己生命中的選擇充滿不安，就該像樹木這樣，用力扎根，向上發展。

我是那麼堅定地把花當作唯一選擇，有些同學就不一樣了。比我小一輪的他們，還在人海中迷茫地張望著，有些人是因為家庭因素無法繼續求學，選擇能夠邊讀邊工作的實習制，想辦法在未成年前就自給自足，有些人則因為不曉得自己要什麼而來，騎驢找馬盼望更適合自己的職涯規畫。

學期到了一半，身旁的同學消失了三分之一，大多是不告而別，老師和雇主們都不是那麼吃驚，也沒特別好奇他們繼續往哪段路走去。人來人往，終究是生活真實的樣貌。我想，真正的原因和他們當初來的時候差不多吧，為了家庭因素而走，為了不知道自己要什麼而走。想想自己還算慶幸，至少知道為了什麼而來，只是不知道能不能順利地走。

學校的課業比起我在台灣所學，並不艱深。例如數學課，是小學程度就可以理解的，有幾次的乘法小考，我都拿了二十分（法國的滿分就是二十分），他們再度印證，亞洲人數學很好的刻板印象，但事實則是，考題真的太容易了。

比起數學或其他科目，最難的就屬法國文化與歷史這一門了。該門課的指導是一位有灰色眼睛的中年男子，課程沒有教材，他每次上課時只會帶著一杯投幣式咖啡進場，襯衫混著一些菸味，沒有其他。一堂兩個小時的課，一周共兩次，沒有特定主題，黑奴歷史、兩次世界大戰、拿破崙時代、法國新浪潮等等，你問什麼，他就能回答什麼。

這門只要靠說就能得分的學科，最受法國同學喜愛，對我而言則是最痛苦的時光。老師要求的是，不僅要會說，還要有想法地說，這顯然和我在小島上曾經經歷的教育文化不太相同。這些十幾歲的小屁孩談起哲學，說得頭頭是道，和老師你一言我一語地談論著，大家努力舉手發言，拜託選我，就怕自己的想法被埋沒。只有我這位心想千萬不要點到我的留學生，努力了好久好久，還是害怕開口說。

另一個有趣的學科是植物學。植物學從光合作用開始學起，那是我早就忘記的關於植物的本質，多好，只要陽光、空氣、水就能長得頭好壯壯，不像人類，總是對自己要求，對別人要求，好像只有這樣才能幸福快樂。我老是想，如果能活得像這些植物一樣，讓生活簡單一點，讓慾望降低一點，也許才是真正的逍遙自在。

植物學要建立的知識可不少，免除動物界和真菌界不說，植物學比我想像的還深奧遼闊。植物依照海拔與緯度分門別類，各個類似相仿的品種湊成一個個家（台灣稱作科，法文稱作Famille，我索性翻為家），哪種花和哪種花來自同一個家，熱帶或是高海拔，對於花藝師而言都是不可或缺的基本常識。

想要好好認識它們，就要牢記各個品種的拉丁文。不論是花或是植物的拉丁文名稱，都是兩個單字組成，這是全球花卉市場的共通語言。你告訴批發商要買玫瑰花，但哪一款的玫瑰花呢？

這時候拉丁文就會派上用場。開學發的那本植物圖鑑，印有上千種植物的法文名稱、拉丁文名稱還有所屬的家，必須在學期末一一背出，才算完成植物學必修科。

花藝學校難道不教怎麼插花嗎？當然有啊，每個禮拜五絕對是一周內最珍貴的一天，除了期待周末來臨外，這天有整整八小時的花藝實作教學。花藝老師JoJo和他的名字一樣長得圓圓的，一頭剪齊的白髮，基本功非常扎實，他也努力地把我們訓練成跟他一樣。在他看來，初級生的唯一要求就是技術要打穩，美感其次，因為對美的要求是隨著人生歷練逐漸養成的。

他評分不評美醜，只評技術。圓形花束要圓得像顆足球、棺木用花男女尺寸有別、珠寶花飾則得乾淨利落，至於配色是否和諧，選花是否有眼光，則看個人造化，毫不強求。

實作課的一天，從分配花材展開。JoJo把拉丁文花名和數量詳記於白板，拿錯或是沒有拿到，只能怪自己植物學修得不夠好。作品示範約略一小時，之後的時間自由運用，作品當然也是自由發展。每到評分時刻，就會看到同樣的花材在不同創作者手中的各式各樣呈現，那是一天中最有趣的一刻。老師從不要求一模一樣的作品，每個人眼裡的美都有不同價值，這是我在實作課裡學到的靈魂精髓，在法國認識的多元尊重。

起初，在學花的道路上，我像一塊什麼都想要的海綿，拚了命地，這裡沾一點，那裡也不錯，無論課堂的老師說了什麼，我全盤接收。後來走著走著，跟著風景體會，原來，插花是這樣的，要有所取捨，有捨才有得。拿起一枝花好好地觀察，這個花瓣要留著，那個綠葉該除去，沒有捨得，就不會美麗。就像人生，學會捨得，就會美好。

校園外的實習生活

日子這麼過著，幾個月來，法文不怎麼長進，倒是和同事們培養出一些因為法文不太靈光而滋生的肢體語言，我也漸漸改去不懂時就會用oui oui oui（很像台灣常用的對對對、好好好）來回應的壞習慣。說來感嘆，學生當了這麼久，到了法國才發現，不懂就舉手發問，從來不是什麼奇怪的事。

說到習慣，還有另一個好重要的該養成。

有事沒事就約同事們一起喝杯咖啡，絕對是職場必須。法國人多半抽菸，我的十幾位同事裡頭，只有三位不抽菸。不抽菸無妨，但一天中喝個幾杯expresso倒是必要之惡。

法式咖啡，不是台灣在便利超商裡隨手可得的咖啡飲品，還強調什麼季節限定，也不是文青咖啡館裡的樸實無華，就為了放上社群羨煞眾人。這裡的咖啡是這樣的，一般花店裡必備一台以上的膠囊咖啡機，早上到店打卡後，人人先來一杯，大家聚著聊著喝著，喝好再上。就我觀察，除了早上和同事們來杯咖啡聯絡感情外，大家吃完午餐或是下午時分，絕對也會再來幾杯。

喝咖啡，絕不是衝著咖啡因而來。喝咖啡，是為了喝出一些小道消息、喝出五分鐘的喘息機會、喝出升官發財的可能性、喝出個假期允許，喝咖啡就像萬事順利的正常管道，又黑又濃，怎麼樣都看不見，但總能喝出個豁然開朗，喝出好幾個祕密的原來如此。

一開始實習時，我總不懂，同事們怎麼會三不五時地就要喝咖啡，店裡忙碌時也喝，店裡一片死寂時也喝。一年過了，我才學會在同事問到「有誰要咖啡」的時候，舉起雙手，大聲喊「也給我來一杯」，慢慢喝出個明白，這杯又苦又澀的液體究竟藏著什麼東西。

咖啡有趣，花店裡隨著四季變化的花材才是精彩。春天，大刀闊斧地鋸下盛開的櫻花作為切花的一種，足夠讓花藝師來幾次高潮，更不用提那些五顏六色的鬱金香了。夏天，我見過結實纍纍的櫻桃樹和蘋果樹切枝，有時一邊上班，一邊偷偷地拔幾顆，分給同事一起嘗。秋天，切花的色調變得又橘又黃，店門外的落葉滿地，一踩，便喀喀作響，白天變得越來越短暫。冬天，雖然了無生機，但最有溫度的聖誕節就要來了，我們準備著又紅又綠的裝飾，讓人們可以互道感恩。

我欣喜地迎接人生中第一次真正的聖誕節，法國的聖誕節可一點也不馬虎。十二月初，店裡陸續來了好多真正的聖誕樹，諾貝松樹按照年分、高度，默默散發著松香，老實地站著，任君挑選。這些樹來真的，可不像台灣的塑膠製品，今年過完來年再相逢。

法國人拿出挑紅酒的精神挑剔聖誕樹，除了按家中挑高比例選擇樹的尺寸外，長得不夠綠、樹形不夠平均、看起來乾枯無光澤的，都無法跟著他們回到家裡的客廳度過每年最後一個月。這棵樹腳下，守護著大家準備的聖誕禮物，十二月二十五日早晨，才准開箱探究竟。

一天，一位父親帶著三、四歲的小女孩到店裡選樹，他說：「我想要一棵和我女兒差不多大小的諾貝松，我想要她長大後，時時想起那棵曾經和她一樣高大的樹。」這種時間烙印的美好，什麼都換不來，這是我懂的，法式浪漫情懷，又或是簡簡單單的父愛。

家裡不夠寬敞的顧客，就帶上一個聖誕花圈吧。做花圈的素材再天然不過，有些還是我跟著同事腳步，到附近的森林裡撿拾而來。我將大把大把奇形怪狀的金黃色落葉繫成圓環狀，再黏上毬果，也黏上被松鼠挑剩的栗子外殼，它們長得就像澎湖海岸邊的海膽，充滿咖啡色系的短刺，看上去，有點家鄉的影子。這些飽滿豐足的花圈，也許會被掛在帶著殘雪的大門上，也許會被掛在暖烘烘的壁爐邊，陪伴選上它的客人，度過年末團圓時光。

十二月冷冽又激情，到處都像台灣在過的農曆年，只是那大紅春聯，變成一閃一閃的聖誕燈飾。十二月是全歐洲的商業活動旺季，在法國，賣樹幹造型蛋糕的甜點店、賣巧克力的工匠、賣鵝肝的肉販、賣香檳的酒窖，無一不像賣聖誕樹的花店，卯足全力衝業績。

實習時的美好，就是跟著節氣過生活，一年四季，各有各的姿態。花藝師似乎不太需要感受各個季節的溫度，看到什麼花，就能體感春夏秋冬，是冷是熱。有次，整理花材的瞬間，我想起了自己的家，那一把一把進口的黃色文心蘭，像極了虎尾的豔陽高照，一個我和家人一起參觀蘭園，揮汗如雨的夏季回憶。

實習生活多半苦澀，很像日本節目裡介紹的，到專門料理店拜師苦學的廚師，任憑大廚的語言暴力與精神摧殘，就為了出師的一天。

實習的苦，有精神上也有身體上。我就經常被植物的汁液或是飄散的花粉搞得全身過敏。在台灣習花時，我從不知道原來自己對植物過敏，畢竟只是一周一次舒適地坐著插花。到了法國，我幾乎無時不碰花，在學校碰、在花店裡碰，有時還抱著一堆快要凋謝無法販售的花回家，和它們朝夕相處。

整個十二月，花藝學校裡的實習生都不需上課，除了教職員放寒假外，花店也進入忙碌的檔期，非常需要人手。工作了一整個月下來，我的手臂開始出現大大小小的紅色色塊，總覺得癢，但冬天又厚又重的毛衣蓋著，好像沒什麼大礙。

選擇不去看見不去感受，乃是法國診所收費高昂，再者，在異國求學的生活已經夠複雜了，我實在沒有心力再用殘破的法文，向眾人翻譯我的難題。

一月過去了，花店再度迎來另一個重要的檔期，二月十四情人節。比起聖誕節有一整個月慢慢地備貨，情人節要的是快狠準，因為那上千朵紅玫瑰可耐不住時間摧殘，往往幾天便凋零，我們只能在情人節前天沒日沒夜地，挑掉惱人的刺。

店長吆喝我要加快速度，不然今晚誰都回不了家。我小心翼翼捲起袖子邊說：「我也很想快一點啊，但是心有餘而力不足。」兩隻前臂又紅又痛又腫又爛，十來位同事吃驚地圍觀著，議論紛紛。

這時店長的吆喝轉為憤怒的吼叫：「歐拉拉，您到底在搞什麼，這是從什麼時候開始的？為什麼沒有人告訴我？」所有人被臭罵了一頓，不照顧同事更沒照顧外國人，我則是在這個忙到焦頭爛額的情人節檔期，被緊急送到巴黎十一區的皮膚科急診大樓。心裡愧疚大於生理疼痛。所以我才說，一點也不想向人翻譯痛苦。

十四天份的口服加外用抗生素伺候瀕臨死亡的過敏症。我真以為要在異鄉入土為安了。醫師發了一個半月的停工證明，康復前只能在家裡好好煲給薪的健康粥。

有問題舉手發言，從來不是什麼慚愧的事，真的。

累了就休息，痛了就看病，絕對天經地義。從小，我們就在課本裡學習孔融讓梨，對長輩尊敬重道，和同儕間要相親相愛，好像身而為人，應當處處忍讓，把不好意思常掛嘴邊。但在法國可不是如此，我們都該學學法式自私對自己好一點。

「嘿，我過敏發作好不舒服，必須請假三天。嘿，我知道現在很忙，但我需要喝杯咖啡休息一下。嘿，聽我說，比起你，我的世界也非常重要。」也許下次，我們都該舉起手，練習著這樣說，也練習尊重這麼說的人。

關於花的記憶

從亞熱帶小島移動到海洋型西歐，氣候不同，能擁有的花材也不一樣。人性總是特別喜歡追求得來不易的東西，法國人對熱帶花材好奇，我們則酷愛那些在小島上長不出來的進口花材。我把亞熱帶的靈魂拿來歐洲生活了，這裡的花材就像來自異星球的產物，各種可能性都存在。

說法國人天生浪漫，我認為陳腔濫調，但說他們懂得生活，我倒是相當同意。法國人絕不是只有情人節或母親節才買花，三不五時買花送人送自己，算是稀鬆平常的情趣。比較常見的，像是到朋友家吃飯作客、另一半出差回國、寶寶出生、失戀轉單身，都可以用花束解決。

法國人送花可不是隨便送，要看收件人家裡的裝潢色調，對方有沒有特別偏好的花種或香氣，送花不但要看場合還要看性別。如果不是太熟悉的關係，總有些中性的花材可以選擇，總之，不會是香氣四溢的百合花，也不會是你儂我儂的紅玫瑰。

每年二月底到三月初，巴黎街角的各個花店總會擺滿金黃色的金合歡（Mimosa），比鄰花店的居民喜歡隨手帶上一把，就好像把南法的豔陽帶進家裡，照亮陰鬱寒冷的冬季客廳。確實，這時北方還是寒冷，這些開得飽滿的金合歡樹，總是從較溫暖的義大利北部或是法國南部北上。

金合歡的花朵有淡香，長起來很細碎，一叢一叢地開，很難用朵作為計價單位，大盤商索性秤斤論兩地批發販售。金合歡的花期不長，喜歡的客人總問，花季什麼時候結束，就怕錯過。

他記得三月的金合歡，也記得和弟弟小時候在庭院裡奔跑的光景。一位男客人氣喘呼呼地跑進店裡說：「火車就要開了，很抱歉這麼匆忙，但我必須買一把又快又好看的金合歡花束，否則花季就要結束了。」我內心不甚愉悅，既然這麼趕，為什麼還要買花？

他接著說：「我爺爺奶奶家的庭院裡，有一棵超大的金合歡樹，我和我弟總是倚著它攀爬玩耍。後來，他們走了，房子也賣了，但每年這個時候，我一定會買金合歡送給我弟，那種淡淡的香氣，是我們永遠不會遺忘的美好童年。」好吧，這個理由可以，我歡喜地把花束遞到他手中。

並不是什麼花都會飄香，甚至，花農為了延長花期，還透過基因改造把花本來的香給改掉了。不過有一種香，在我心裡永遠抹不掉。那是一次爸媽來歐洲長達一個半月的旅行，我們受邀一場玫瑰花饗宴。

那種會飄香的玫瑰，和從厄瓜多空運來的巨型花朵不一樣。它們大多在五月中旬從盛開的花海中被挑選，由巴黎附近的小農家採收，運到花店裡。有人偏好從厄瓜多空運來的，花朵碩大沒有殘缺的進口貨，我則喜歡隨季節生長，大小長短不一，飄著淡香的庭園玫瑰花（Rose de jardin）。把鼻子埋到花朵裡，深深地吸，那是連精品香水都仿造不來的高尚氣味。

五月到巴黎旅行的好處是百花盛開，你不得不愛上這個被花包圍的地方，即使它比起其他世界級的大都市，就尺寸而言，是這麼微小地存在著。尤其是第五區植物園裡的玫瑰園，我暫且稱它為玫瑰園，因為這個狹長型的小徑，左右兩側種滿各個品種的庭園玫瑰，遠看五顏六色，走近則淡淡飄香。

爸媽就像踏上我領土的獵物，把他們綁架在巴黎半個多月，一點都不肯放手，畢竟這是新冠疫情過後，第一批從台灣來看我的旅客。我把幾年來的曾經，用短短幾天讓爸媽活一遍，香甜給他們，苦澀則私心留給自己。哪家麵包店專賣好吃的可頌，哪裡可以眺望到絕世美好的巴黎景致，哪家酒窖的香檳好喝又不貴，哪個地方才是巴黎佬不願公開的私人景點，我一一呈現。

先到大清真寺喝一杯甜滋滋的薄荷茶，再去逛逛後方的植物園吧。趁著五月的陽光燦爛溫度和煦，任何人都該坐在清真寺隨意擺放的藍白色藤椅上，享受片刻清閒。

我帶著爸媽步入玫瑰園，他們驚呼連連，我則是達到目的般的燦笑。一組三人，鼻子湊上，四處嗅著純天然的免費香水。有些花朵不甚起眼，但卻讓人一嗅再嗅，有些花朵又大又豔，聞起來沒什麼內涵。我爸手指一朵黃玫瑰，一邊呼喚：「快點、快來聞看看這一朵。」我說，聞起來有點像小時候你們買給我喝的彈珠汽水。我媽的鼻子遲遲不肯離開：「不知道怎麼形容，就是好香。」我爸說，那是他六十幾年來，記憶中從未有過的氣息。

六十幾年來耶！我們一起在巴黎探索出他生命中從未有過的香氣，那可比考上什麼無與倫比的學位或是公職還值得慶祝，是我們共有的回憶。我篤定，下次我爸看到玫瑰花肯定想起巴黎的旅行，而我，有一天也終會睹花思故人。

那是我們第一次一起遠行，我們記得五月的庭園玫瑰，像那對兄弟擁有三月的金合歡一樣的深刻，即便相隔好遠，但我們一起的生命裡，永遠會有巴黎五月的陽光，薄荷茶的甜，和玫瑰園裡藏著淡淡的香。

花藝師的旅行，基本上離不開花，哪裡有花便往哪裡去。南法的六月有綿延不絕的薰衣草田，我媽說看薰衣草一定要到北海道的富良野，我才不同意，因為那年在南法看到的紫色花海才最特別，誰都比不過。

薰衣草聞起來像花又像草，它的香調似乎不那麼大眾。對南法的薰衣草印象，大概是從國中就愛上的法國保養品牌開始的吧。零用錢不多，但存夠了，我總會到品牌櫃上，買薰衣草製造的產品，護手霜、身體乳、沐浴膠，那是我第一次認識跟法國有關的氣味，往身上一抹，散發高貴且天然的與眾不同，是一種十幾歲開始，擁有決定權的驕傲。

六月中旬起，花店總會開始販售綁成一束束的薰衣草，有時也有賣尚未開花的薰衣草盆栽。對我來說，薰衣草預告的是七、八月即將來到的長假，它彷彿暑假的吹哨人。

像來到巴黎的旅人對鐵塔一樣的痴迷，我瘋的是南法的薰衣草田，某一年，我竟真的開車一路殺到南法，就為了看一眼從國中就嚮往到不行的氣味，究竟什麼形狀。薰衣草長在乾燥且豔陽高照的丘陵台地，花田綿延起伏毫無盡頭，遠遠的路邊有唯一一間漆成粉紫色的精油蒸餾工廠，這一帶連戶農家都沒有，好似害怕打破這一片平靜的紫海般。

我到的這天，薰衣草早已被收割殆盡，而且雨像是受了什麼冤屈般的下著，澆淋在一顆顆半圓形的薰衣草株上。「早趕在六月底前就採收完啦，在花還沒被太陽晒乾前，可以蒸餾的精油是最多的。」精油廠販賣部的店員這麼回答著。

踏出店門外，我一手薰衣草植物皂，一手工廠直送的薰衣草精油噴霧，給自己也給親友，那是十幾歲的我從未感受過的富有。南法的輕鬆氛圍讓人好是滿足，丘陵台地上偶爾有幾片來不及收割的花田，遊客三三兩兩，我把車窗全部搖下，讓似花似草的香調自由繚繞，難以言喻的感動。

說到香氣就不得想起普魯斯特的瑪德蓮。

他在《追憶似水年華》中提到，一次躺在病榻上，品嘗瑪德蓮蛋糕的瞬間，喚起他找尋已久的童年時光。他說，在萬物死寂後，味覺和嗅覺依然存在好長一段時間，它奮力扛著我們所活過的；脆弱，卻又忠誠地存在。比起巨大的形體，它小得比水滴更不可見。

那些我所經歷的各種花香，就像普魯斯特嘗到瑪德蓮的味蕾，它等待著、期望著、乘載著我的所有回憶，也許浩劫後依然存在，繼續見證我所有過的童年、親情與一次又一次無所畏懼的生命旅途。

第一次挑戰CAP考試

記得在學校裡的第一堂花藝實作課，老師教的是半圓形花束，花腳必須朝同方向排列旋轉，就像一捆下滾水的Spaghetti一樣，在熱氣翻騰的鍋中自成一圈。

人生中第一束正統的西洋花，經過漫長的三小時後才勉強完成，花被我手心的溫度嚇得脫水垂頭，如一盤煮好軟爛的麵，頂著一團蒸氣難以散熱。我記得那一整天都在手綁花束中度過，綁了又拆，再重新組合。隔天那個握花的虎口，疼痛難耐。

每周五的實作課正式開始前，花束練習成了一種必須，不管當天實作主題為何，在座各位都逃不了各種花束的實作小考，三角形花束、半圓形花束、新娘捧花、鄉村風格花束……對花藝師而言，花束就像剛入行的髮型師必須學會幫客人洗頭一樣，是最重要的基本。髮型師有雙手龜裂的痛苦，花藝師則是纖纖玉手之絕緣，兩手一攤，時有羞愧難見人，尤其是指甲縫裡的植物汁液，怎麼刷都不掉色。但我的法國客人說，那是一雙藝術家的手，被花摧殘得堅韌好看。

隨著在花店工作的時間變長，製作花束變得信手拈來，最有趣的大概是那些一束要價一兩百歐的訂單，綁起來豪邁爽快，像把一座小花園打包後遞給顧客，客人看了開心之餘，也回饋幾歐的銅板打賞請喝咖啡。

在學校裡也能觀察同學間的各種實力進退，隨著時間，有人努力地讓自己變得更強，有人則像沒有慧根般遲滯不前。除了學校傳授的花藝技術外，實習花店對學徒的影響力也不小，古典傳統或色彩繽紛，大多與雇主風格有關而不自覺，就像社會化，看不見卻潛移默化。

「進步囉，你的花束是冰的。站得起來嗎？放在桌上我看看。」第一次被花藝實作課的老師讚美，已經是距離入學半年後的事了，確實，我綁花的速度越來越快，已經可以把花束冰涼地交到客人手裡。

「CAP花藝師檢定今年四月開始，如果你想嘗試在第一年就參加考試，我很願意幫忙，你跟那些小朋友不一樣，我知道法語對你來說很困難，但我感受得到你的用心。若第一年沒通過考試，還有第二年可以再來一次。」老師說。

我沒有猶豫地直接說好。既然已經清除沿路不曾停歇的各種路障走到這裡，沒有什麼是不可以的。只是有點意料之外，原來事不關己的法式性格也有雞婆的一面。我想到牧羊少年說的，當你真的想要時，宇宙會盡全力地幫你。好像有那麼點可信。

四月起，我開始為期兩個月的CAP花藝師檢定考。第一項科目為體育。體育看的不是跑步或體前彎，而是八種不同運動自選二參與，例如體操、羽毛球、長短跑、游泳等，再由考官交叉評分。讓人驚訝的是，有同期考生因體育考科不及格，無法拿到畢業證書。看來，體育能力和其他紙本知識平起平坐，是取得花藝師資格的不可或缺。

不像台灣的各類職考或學測，對考生施予一種密集又旋風式的考驗，法國的考試，總拖得又臭又長，好像這輩子都不會結束一樣。自從體育考科結束後，第二科——外語口語測驗，已是兩周後的另一段故事了。後續還有植物學、商業理論等科目，分別散落在兩個月內的不同天、不同時段，不疾不徐地摧殘考生耐心。

所以我說，法國人活得像是沒有時間一樣，能慢就不快，要快就得慢慢來。生活多美好，慢慢度日，便能體驗它的好。法式的慢速度，總有自己的一番邏輯。

檢定考中最重要的一科乃花藝實作，總成績佔比達百分之五十。花藝實作考一整天，大巴黎地區的一百多位未來花藝師同聚，從早上八點考到下午五點，考官會在八時準點宣佈花材和考題，一大桶花、一堆素材、三種主題丟給你，由考生個人決定如何發揮與運用。總之，考程結束時，考官要收回一個空水桶和三樣作品。

那天的考題幾乎天馬行空。

第一項目非常基本，考的是綁花束，只是要想辦法把色鉛筆一起綁入花束中，那盒二十四枝裝的色鉛筆，短得要命，光是我的虎口要握一大把筆都不容易了，何況還要和花湊在一塊。

第二項目考的是晚宴用的桌花。桌花哪有什麼難度，但是必須把一大捆不織布料融入作品中，要好看又不能和一大塊已經吸水的海綿糾纏得濕答答，可要動點腦筋。

第三項目要求新娘捧花。檢定考要求的新娘捧花，只要花朵不要花莖。花朵從花莖上剪下來後，需用各種不同粗細的鐵絲取代原有花莖，再以花藝用膠布固定。慢工出細活，但偏偏四十分鐘要完成一束鐵絲纏起來的捧花，談何容易。

在法國，幾乎各種職業都有技能檢定，那是由國家掛保證的技術證書，證明你是一位有能力殺雞切牛的屠夫、可以辨別芬芳腥燥的調香師，又或是能產出瓊漿玉液的釀酒師。當然，透過雙手把一團雜草變成優美花束，便是花藝師的最高榮耀。

放榜的那天，我人在香港轉機準備回台灣放暑假。沒想到，我對結果的恐懼，竟如此強烈，也對，我可是從台灣遠道而來。那個線上查詢考試成績的網站，我一點也沒有勇氣點開。反倒是身邊的局外人，比我更關心。

在香港下飛機後，一陣排山倒海的簡訊從手機裡蜂湧而出，花藝實作老師JoJo、同班好友、花店同事，幾乎在同一時間向我恭喜。花店店長依舊不改有點高度的傲慢，她這樣寫著：「將近四十年的花藝經驗，從沒看走眼。」我知道她替我開心極了。

那是好不真實的瞬間，我站在偌大的機場大廳，小心地尖叫著，不知道可以擁抱誰。倒是走起來像隻到處奔跑的鴕鳥，邊走邊跑邊叫，頭髮像羽毛，隨風高興地飛。

我想，如果我是位導演，那麼，這個瞬間應該是把奧斯卡獎盃擁入懷裡。如果我是一位母親，這個片刻彷彿迎接新生命的動容。如果我是一位孩子，那必是初嘗一顆草莓風味糖的甜膩。我比如大地眾生，那個瞬間便是久旱後迎來的一場大雨。

一年多前，下定決心從台灣出發，那時我背包裡背著一只從東京迪士尼帶回來的貓玩偶，出關時，檢驗員對我背包裡的貓有諸多懷疑，他問了很多。我唯一沒有說的是，其實我也怕孤單、怕失敗、怕危險，更怕這三種情況一起發生時，該怎麼辦，於是這隻貓玩偶聽我說很多，收著關於我的很多故事。

我又一次地，頂著有點過大的旅行用背包，在人海茫茫的機場一隅，等著回台灣的班機再次起飛，只是這次，有那麼點不同，我戴著自己的光環，輕輕地跳起舞，笑著，懷念起一路上的顛簸崎嶇，我是如何挑戰。我再次憶起，遙遙遠方總有一個我心中嚮往的神，一個我心中嚮往的所在。我打開心胸，讓光進來，即使光與黑暗時有戰鬥，且沒有明天，但我用倔強迎接，希望自己也能成為別人的光，照亮所有我想要的一切追尋，羽化後期待另一番蛻變。

難度更高的ＢＰ學程

我選擇在ＣＡＰ花藝師證照通過後，繼續更上一級的ＢＰ花藝師學程。如常進行著一周到學校上課，兩周到花店實習的相同頻率。ＣＡＰ學的是基礎，ＢＰ學的是進階技術。所謂進階，就像小學生主攻造句，中學生要會寫作文一樣，如何融會貫通所有技巧，創造花藝作品的經濟價值，成為ＢＰ學程的核心概念。

在ＣＡＰ學程中，已經通過法國高中會考（Bac）的註冊者，可以將學程的時間由兩年縮短為一年，但外國的學歷一概不算數，就算是博士生也不例外，一切都必須按照兩年的規矩，慢慢來。所幸，我通過了CAP越級檢定考後，順利簽下另一張BP的兩年實習合約。只是這次無論是什麼資歷，都必須接受兩年的BP花藝師專業特訓。

不論哪種等級的花藝學程，最重要的便是學習花藝技巧與自我創作，除了校園裡，實作老師給的花藝知識以外，我們往往能從優秀的同儕中，偷走一些我們從沒想到的技法，吸收他人經驗裡的日月精華。只要誠心發問，多數同學都不吝分享，願意交流切磋。喔，原來，這朵花這樣插可以更美。

尤其我認為，法國人有種亞洲少見的美德，他們善於讚美，只要他們認為好的，必定真誠地讚美，更甚者，他們也樂於接收讚美。他們總是用肯定的語氣告訴你也告訴自己，我真如你所說的那樣傑出、那樣優秀。尤其我看過，法國人對孩子的教育，真的鮮少批評，他們多數孩子的氣質是，擁有一種柔軟的自信堅毅。那種態度與自大驕傲有別，而是一種能言善道，可以從容表達自我立場的泰然。

一周五天的校園生活中，花藝實作佔了三分之一。我們時常三、四人一組利用十幾個小時完成一個大型作品，這時花藝師都不花藝師了，一雙雙巧手必須扛起電鋸裁切木板，再握著電鑽打洞固定材料，爬上兩公尺高的工程梯不是問題，人人化身懂花插花的木工師傅。

有時，我們也能成為珠寶金工師，解構一朵又一朵的花，重新組合它們的瓣與蕊，冷膠與熱膠交互伺候，從戒指到披肩，從髮箍到項鍊，都可以用花材雕琢出小而美的優雅。

學會創作後也要學會販售自己的作品。商業談判課老師保羅傳授的是說話的藝術，他教我們如何說，也教我們如何透過外在方法補充行銷時的不足，乾淨是首要，服裝則為其次。保羅有一頭波浪型的自然捲，標配是合身西裝加上擦得晶亮的英式皮鞋，不僅看起來專業，說起話來更是頭頭是道而不失幽默。他那股溫柔大叔的魅力，說服了很多客人，當然也收買不少課堂裡的少女心。第一學年保羅主攻教學，第二學年則由我們開口練習，他每周都請來經驗老道的花藝師和學生一對一談話，就為了讓我們成為臨危不亂的銷售王。

商業談判課實屬BP學程中相當重要的一門，也是我在CAP學程中未曾接觸過的領域。保羅帶領我們「生」出一本厚厚的計畫案，我們假裝自己是一間花店的主理人，必須分析花店的經營利弊、競爭對手，並應客戶要求，設計出一個完整的花藝裝置規畫，主題可以是婚禮、開幕式、秀場等，就由未來的花藝師天馬行空發想。這些準備都是為了兩年後檢定考而鋪路，沒有一刻不戰戰兢兢。

除此之外，BP學程中還包括植物學、法國歷史與文化、繪畫課、商業法規等，它們都沿襲了CAP學程中的脈絡，一路往下學得更深、更廣泛。

結束一周的校園生活後，必須回到花店繼續實習，學徒制的學生從來沒有寒暑假，我們不是在學校，就是在去花店上班的路上。

BP學程實習的第一天，迎來的是一場連環汽車爆炸案。那天地鐵又一如既往地罷工了，和大部分的巴黎居民一樣，我沒有太多抱怨，選擇提前出發，搭一小段市區公車，加上自己的雙腳走到花店上班，偶爾在這座城市散散步，沒什麼不好，況且，步行是了解當地生活文化最接地氣的辦法。

砰一聲，黑煙四起，四周一片尖叫。那是穿著黃色反光背心的藍領階級，激進的憤怒，有人開始放火焚燒路邊的轎車，打破精品商店的超大玻璃窗，各種動作片場景，在上班途中直播表演。

那後來變成一場經常性的情節。BP學程一共兩年，我的第一年幾乎在黃衫軍的抗議聲中度過，除了每周六有例行性的各種大眾交通工具罷工外，偶爾周間，他們也喜歡來點突如其來的驚喜罷工運動，藍領上街頭，又或者暴力示威，再尋常不過。

我始終記得，那一場長期的混亂，對我來說是多麼新的體驗。我確實在台灣參加過抗議遊行，但比起我在巴黎看過的，那只能簡稱為一場歡樂嘉年華會，往往一兩周就能夠和平落幕的集會。

有時，在通往學校的地鐵中，也能迎來無預警的罷工，有幾次我是雙腳沿路走去上課的，像唐三藏取西經一樣，只往目標裡去。

除了例行罷工的全民運動外，天氣狀況偶能阻擋公共交通的運行。一次，搭公車往顧客家送花的路上，突然下起了雪，司機以安全為理由，把所有乘客趕下車，我冒著一場雪，徒步送花。布鞋含著雪，融到襪子裡頭，那股冷，穿透了五臟六腑。

我活過的巴黎，就是這麼傲骨，不得不從心討厭，但卻又同時深愛。討厭它的不照本宣科、不按牌理出牌，卻被它的極端自由與為所欲為感動著。

ＢＰ實習的第二年，黃衫軍示威稍微平息，但換來的是一場沒有終點的新冠疫情災難。法國政府無預警執行嚴厲的封城制度，所有非必要的商業活動都停擺，實習生無法到花店實習，更無法去學校上課。校內課程轉為線上進行，其中花藝實作，大概是最難執行的一門課了，我們在疫情中遺失長達半年的學習機會。畢竟透過視訊學習技術，和真人面對面可有巨大的落差。

法國人的抗議，跟法國人的脾氣一樣，從來不客氣，毫無掩飾地直來直往。但無論罷工或新冠疫情，都擋不住他們買花送花的生活習性。所幸，封城後期，法國政府把花藝產業轉列為民生必需品，也就是，當服飾店、博物館、酒吧大門深鎖時，花店能夠合法營業販售，花卉在生活中的重要性可不亞於柴米油鹽醬醋茶。

除了實習生活重新開始外，校內課程也慢慢恢復以往節奏，畢竟第二年的ＢＰ學程是要開始準備檢定考試的重要時刻。比起在ＣＡＰ學程中放棄的多數同班同學，ＢＰ學程中少了落荒而逃的人，畢竟在座的所有人都已經通過ＣＡＰ檢定考，是努力過後，更堅毅朝心之所向的一群愛花人。

花藝這門生意，沒有真心地愛上，是強求不來的。因為你得捱過飄雪的冬季，把手泡入冰冷的水中洗滌，和鮮花共處沒有暖氣的寒冷一室；也得耐過百花齊放的盛夏，體驗各種花粉紛飛；你也必須撐得起幾百枝牡丹的重量，一把扛在肩上，和其他花藝師競賽舉重成績；你甚至毫不考慮地，緊追鮮花的生命之後，在它化做萬縷花瓣前，趕緊留住得來不易的短暫，將它們交給顧客。

疫情過後，緊接而來的是BP花藝師檢定，考官並沒有可憐我們這群遺失上課權的花藝師，檢定考一如既往地艱難。考生必須參加商業稅法、植物學、美術繪畫等各類檢定。

其中一個「有趣」的考科是法國歷史文化申論，考題厚如一本大型量販店的銷售型錄，著名油畫、長柱圖、古代地圖還有小說內容擷取等圖文並蓄，就是要考生盡全力表達思想、個人立場與哲學觀點，考生動筆神速，彷彿身兼花藝師的政治哲學家，準備和未來的顧客在花店裡上演一場激烈的辯論。

檢定成績佔比最高的是商業談判和花藝實作兩科。如果這兩項皆能拿下高分，那可謂頭過身就過的易事了。商業談判必須面對三位考官，並在九十分鐘內努力解說，說服考官在合約書上簽名，同意我們在學校裡耗時一年準備的花藝場佈提案。花藝實作考一整天，不僅考體力，也檢驗兩年來所學，是否足夠成為一位更具專業能力的花藝師。

考程持續了數周，一切像是按到慢速鍵一樣，日子有在轉，只是沒這麼快。依照以往的檢定合格率來看，每個人都有百分之二十的機會必須來年再考一次，放榜那天，我和同班同學齊聚酒吧，彼此幫彼此查詢檢定結果。我幸運地抱著含淚落榜的幾位，幾家歡樂幾家愁，人生就是如此。

這個三年長的花藝師實習生活，對我來說，像是拿筆寫一則未完待續的故事，我不是脈絡的執筆人，而是真實的參與者。所有曾經在台灣想像過的情節，我人在此處，把它一一活出來。時有讓人爆哭的片段，但也少不了貴人相助的奇蹟。我經常是酸甜苦辣不分，邊攪和邊往肚裡吞，但日子一久，倒也咀嚼出一點回甘的滋味。花藝旅途從來沒有終點，而人生旅途也從來沒有最好的選擇，邊走邊看，只要能頭也不回地繼續向前，相信沿路風景一定也更是明媚。

生命裡的花

實習的日子平凡簡單，上班下班，理花綁花，迎來春夏秋冬，還有四季更迭，只是偶有，一些小漣漪，一些特別的過客，讓原本的平凡無奇，可以擁有別人的傷心與別人的愉快。

有一組老少配的客人，是每周五必定報到的常客。五十幾歲的父親帶上十歲大的女兒，先到花店一趟，是迎接周末來臨的固定路線。他們是我每周五必須期待的小約定。父親每次都要一束十七歐的花，花材和配色由女兒決定，孩子挽著父親的手，靦腆詢問，這樣的搭配是否妥當得宜。他們相互尊重、尋求認同、達成共識。

十歲和五十歲對買花的目標不大相同。十歲要的是冒險型的快樂，什麼花都好，什麼色都來一點，花是大是小，莖是長是短，整理成一束，管它跟家裡的花瓶能否吻合，只要喜歡就是好花。五十歲要的是保守型的投資，這種花耐不耐放，那種花太小不值得一買，每周一次的十七歐，總不能只要歡喜就好，花若沒有附加價值就不是好花。

青澀與老成，沒有誰對誰錯，那都是時間磨出來的痕跡，時間教會我們的事。

還有一個父親單獨上門買花的故事，他的頻率不是以周計算，而是，當我嚷嚷著，好久沒見那位一次買很多花、又一語不發的父親時，他便會出現。他總是靜靜地看，靜靜地挑，像每個人家裡都可能有的父親一樣，用一家之主的威嚴，掩飾心中最柔軟的一塊。

「上次那些花，在花園裡長得很好，秋天到了，我想幫女兒的花園換一點顏色，請您推薦我一些看起來活潑的顏色。」這是相識一年多來，我第一次聽他透露這麼多。原來他有一個女兒，也喜歡替她種花，看來他可能是什麼達官顯要，能在這麼小的巴黎有個大花園。我回答：「如果您今天也要像前幾次一樣購買很多植栽的話，我們能提供免運費服務。」

「這些花都是要種在墓園裡的，我老婆和大女兒在車上等我，她們會一起幫忙，請您不必擔心。」他說得自然，我悟出的卻是那父親的沉默寡言，所為何來。

又一次見到他是很久以後的事了，甚至漸漸地，我再也沒看過這位父親的身影。我只希望那些我們一起選的，在墓園裡，他為她種下的花，能代替療傷的藥，和時間一起將這位父親破碎的心，一片一片黏起。我知道還要很久很久以後，他也許可以慢慢變好，在那棵種下的樹，長得又高又大，大到能讓父親乘涼遮雨時。

花，也教會我看懂愛情。花，是個愛情訊號。

「今天我和老婆一起過生日，我想要給她一束白色的花，我們就是這樣純粹地一起走了很遠，再請您在花束正中央放上一朵最大的紅玫瑰，那是我對她的愛，純潔炙熱，正中紅心，六十年如一日。」結褵六十年的鑽石婚，談何容易，於是獻上一束花，讓數過的幾萬個日升日落，盡在不言中。

當然也有，另一種愛情，是情人節當天，賣兩束花給同一個男人的經驗，我對同事眨了眨眼，大家看了都懂，兩束相同的花給兩位不同的女人。我想到我爸說的，嘴巴甜膩膩的千萬不要愛，那種會送花的男人有什麼好。但，我還是要相信愛情啊，我還是要相信，每個人都可以找到屬於自己那唯一的一束花。

買花送人、買花慶祝再平凡不過，但這天的買家有點特別。

那是一個在巴黎的夜，雨落得像浮世繪刻出的雨絲般，飄向歌劇院打的燈光上，劃破金黃色的氛圍。我坐在歌劇院廣場的大理石階梯，等著準備辦趴的同事們。冷冷的，我把圍巾繫得更緊了，嘴裡呼出白白的煙霧，像在為歌劇院慶祝，唯一一次的三百五十歲。

出示工作證，推著一車又一車的切花，潛入沒有人的深夜歌劇院，從凌晨直到晚間的派對開始前，花藝師們站在一串又一串的水晶燈下賣命趕工。我以為下一秒便有交響樂團奏樂，迎接搭著馬車前來的貴族，華麗隆重的場景。啊，多麼奢侈的想像，好像可以了，我這麼活過一次，和它一起走過幾個世代更迭，坐看巴黎的各種風華樣貌。

比起那個搭塞納河遊船、吃米其林美食、典藏蒙娜麗莎的巴黎，我認識的那個，是用花活出不同凡響的它。是好幾個午夜時分，同事開著手排貨車，載著我和一堆花，趕在黎明降臨前的石板路上，繞來繞去。參加曲終人散的船屋派對、走入能近看巴黎鐵塔的豪宅大門、逛逛沒有顧客的奢侈品名店，追著花的影子，從塞納河畔到Trocadéro廣場，從四季酒店到Saint Honoré大街，取下過期盛開的，再換上含苞待放的，那是我生活裡的巴黎日常。

記憶裡，我沒收過什麼特別有意義的花，距六十年的鑽石婚遙遙無期，而我應該也沒有與他人共享同一個情人的經驗。倒是，每年都收媽媽送的風信子，小時候過年逛花市找花開富貴，我必選風信子，看那不起眼的球根接連冒出數十朵會飄香的花，從除夕到初五，每天起床都有期待。

期待收花，倒不如種花，替自己種下生命裡獨特的花，讓時間耕耘灌溉，總有一天，它們或許能像風信子那樣，慢慢地，在平凡日子裡也能開出萬分精彩。即便異國氣候有別於小島的溫暖和煦，但我能感受到，不久前，在巴黎撒下的那些花種子，有種風雨裡生力氣的能耐，背光生長的根系努力下扎，趨光發芽的綠葉勇敢向上，我們彼此陪伴，等著不久的將來，開出生命裡的各種鳥語花香。

荷蘭經驗

Programme Erasmus是由歐盟設立的交換生學程，目的在促進國際學生間的交流，利用跨國流動，讓不同國家的學生或實習生，跨出本國領土，親自經歷他國的教育、文化、語言和生活。

在新冠疫情出現前，巴黎花藝師學校曾強力推廣歐洲花藝師交換學程，只要揮筆寫個動機信，便能向學校申請，再由學校負責向歐盟爭取機會。我當年瀟灑地寫了幾千字，就為了向學校證明，我到底有多想離開法國，和其他國籍的花藝師交流，看看他們都怎麼過生活。我甚至，拿著動機信直搗校長室，問他究竟什麼時候能出發。只是病毒讓各種規畫都亂了套，這是不須校長解釋，我也能看懂的現實狀態。

後來，疫情走到尾聲，我也跟著它一起畢業了，交換生的規畫早忘得一乾二淨，更棘手的問題是，花藝師檢定合格後，我究竟該何去何從。人生的十字路口好多，它們不會隨著年紀增長而消失，如果無法選擇轉彎或直行，這輩子可能都得在原地打轉動彈不得了。

雷聲大雨點小，那年寄出動機信主張非出發不可的同屆學生，族繁不及備載，而壯膽向校長申訴挑釁的人，只有我。當機會來臨時，他好像也直覺式地優先想起那位來自台灣，吵著要出發的外籍生。

「親愛的女士，本校今年度將啟動與歐盟合作的花藝師交換計畫，請問您是否有意願撥空回校複試？」這封信像晚到的樂透頭獎。我在無數的面試與行前講座中，終於拿到學校與實習花店的聘書。推著沉甸甸的行李再次離開，搭火車從巴黎北站出發前往花卉天堂——荷蘭。

你能想像嗎？這個土地面積比台灣大百分之十五的國家，居然掌握了全世界百分之六十以上的切花進出口量，也就是，每十朵花中就有六朵必須先被送往那裡，再銷往全球。而那裡，就是我此行的終點站，多麼雀躍呀，對一位往專業花藝師邁進的人來說。

荷蘭，不是只有長鬱金香，它也收四面八方來的各種花，能捱到這裡的，絕對千挑萬選頭好壯壯，禁得起市場考驗，我以為我已在法國看到切花品質的天花板，原來荷蘭才是真正的鮮花納貢國。

他們的花束幾乎長得像他們國家的人一樣，又高又大，在我看來，除了花卉價格低廉，荷蘭的房子大又寬敞，實在適合不過，在客廳、在餐桌、在玄關，擺上一束霸氣的荷式花束，慢慢欣賞，畢竟這種隨心所欲，在小得可以的巴黎公寓，絕對是種大於奢侈的事情。

他們也喜歡各種色彩繽紛。如果說法國的花有成熟女人的優柔，那荷蘭的花必定是精力充沛的青春期。同色系的不要、漸層色的不要、太嬌嫩的也不好，就是要像黃金時代的花卉靜物畫（Flower still life）一樣，有花卉的充滿、有活潑的充滿，也有各種顏色的充滿。和他們的人給我的感覺很像，開朗、樂觀，有那麼點健談。

實習的花店在阿姆斯特丹繁密的運河周邊，還沒到花店報到前，我趕緊去二手腳踏車市場逛逛，入手一台騎起來很自由的交通工具。還好阿姆斯特丹四處平坦，除了偶爾需用力踩上跨過運河的拱橋外，這個不變速的彎把自行車，足夠我在租屋處與花店間來回溜達。

說到阿姆斯特丹的自行車，它們可是剽悍的路權霸主，像我這種剛上路的騎士，最好閃得遠遠的，讓騎著腳踏車出生的當地居民，先走一步。自行車送貨送人都沒問題，無論晴雨雪，轉動的二輪車早已戰勝各種天氣。花店裡的貨車叫做Bakfiets，一種前方加掛貨箱的自行車，騎著Bakfiets兩輪貨車四處送花，是所有在荷蘭打滾的花藝師都必須學會的初級生存之道。

實習花店的老闆是一位年紀輕輕的荷蘭人，有次我心生羨慕地告訴他：「這麼少年就找到自己想要的，真好，比起你擁有的，我只是個到處飄泊的實習生，更不用提年紀了。」他這麼說：「你是你，我是我，我們無從比較各自擁有的人生，我相信你有屬於自己的故事，你是未來故事的舵手，我期待有天你也能向我訴說。」啊，愛花的人，很難是壞人，也很難是個負面的人，我總這麼覺得。

花店的實習生活，不外乎在店裡服務客人，或是到戶外用花佈置會場，但能替阿姆斯特丹一年一度的同志大遊行（Gay Pride）服務，絕對是世界級難能可貴的經驗。我記得那個周末的盛況，彩虹旗佔滿運河，各種船隻、各種裝扮、各種派對，它們被我手中的花點綴得無一不瘋狂。

又有一次，我們來到荷蘭最古老的動物園，替晚會活動佈置。我們四處懸掛準備好的蘭花和蕨類植物，把動物園變得像熱帶雨林一樣。在巴黎鐵塔閃耀的燈光下工作已經不算什麼了，有大象陪著一起插花的場景，好像更值得一提。

我的荷蘭花藝養成來自花店，也有Zwolle花藝學校的影子。我是這個學校接待的第一位來自巴黎的歐盟交換生。Zone College要的是全方位的花藝師，插花技術是基礎能力，能夠在溫室裡種花、學會焊接冶鐵，則是花藝師的附加價值。記得有整整一天，我穿著隔離衣和防護罩，依照老師指示剪鐵條，焊出一顆兩呎大的圓球體，為畢業展做準備。相較巴黎花藝師學校，這裡的教學要的是更廣的多元學習。唯一的相似處，大概是同學們的性別吧，班級內的多數永遠是女性。

若真要再比一輪，荷蘭的花藝職場好像不怎麼著迷於黑咖啡的魔力。在我看來，當法國人還在問同事們，要喝哪一款咖啡時，荷蘭人已經把花束都綁好，送到客人手裡了。更進一步，當法國人還握著手裡的那杯黑咖啡，和同事討論接下來要做些什麼時，荷蘭人已經達成今天上半場的目標，正坐著好好休息了。那是日耳曼語系的效率，永遠不會明白的拉丁語系的爛漫隨興。

剛從巴黎搬到阿姆斯特丹時，有好多的不習慣，例如：自行車行走的秩序、荷蘭性格的直白毫不修掩、社會氛圍的開放包容、錯綜複雜讓人老是迷路的運河路線、物美價廉的切花品質等等。

隨著時間一久，這些不習慣卻成了整座城市裡的最可愛，我愛上腳踩自行車的自由奔放、愛上直白不拐彎抹角的荷式性格、愛上不愛指三道四的社會氛圍、愛上迷路後的新發現新探險……

我愛上所有我愛上的荷蘭阿姆斯特丹。

只是，最難總是離別時。

橫跨春夏兩季的實習，飛快地結束，從實習開始的第一天，阿姆斯特丹就遞給我一種家的氣味，踏上陌生的這裡，像回到熟悉的家。這個靠海的小國，和我待了幾十年的熱帶島嶼，怎麼有點像！鄰里的人熱情好客，趁著夏天很長，BBQ烤肉、開私家船遊運河，都成了敦親睦鄰的活動；他們沒有大國的傲慢態度，倒是有小國的開放包容；夏季的海風徐徐，到處都充滿活力。

賣了心愛的二手腳踏車，像是賣掉曾經熟悉的家，對阿姆斯特丹做一次最沉重的告別，我迂迴地不想離去，就怕失去該有的自由，像是那年我搬離小島那樣地，淡淡的憂鬱。

我給了實習花店老闆一個深深的擁抱，那是再也不會有的溫度。他以自己年少時在沙烏地阿拉伯的壯遊故事為回饋，出征中東國家學花藝，沒有一天不想回家，言下之意便是，他也有過一段苦盡甘來的日子，要我繼續往前衝下去。

巴黎如果是花藝生涯裡的初戀，阿姆斯特丹就是讓人想起來會笑的前任，前一個分不開，後一個忘不去。我和它們一起過的日子，激情美好而自由，我長成了有它們影子的我，是以前從未見過的模樣。我拿熱帶來的花當作交換的信物，我告訴阿姆斯特丹，來年的花開時，也要像這次一樣喚醒我，要我去等待、去探索、去經歷，於是便能擁有，而且值得擁有。

PART 3

我在巴黎有間花店

有了證照，然後呢？

即便到了三十歲，剛畢業處身茫茫人海中的心情，和二十出頭的自己沒有什麼不同。在台灣受到花藝啟蒙，帶著自己賦予自己的使命感來到巴黎，從原先求學計畫的兩年變成三年，甚至，花藝證書多了一張。花藝經驗多了不少，只是到了真正畢業的那一刻，還是不太確定，自己想要的是什麼。那種迷失徬徨與不安，顯然與年紀無關，人，是在選擇中過一輩子。

是要繼續學下去呢？還是投入花藝就業市場呢？

是要回台灣呢？還是繼續留在法國？

是要想辦法自己創業呢？還是選間自己喜歡的花店，當位正職員工就好？

反正法國勞權至上，無論年資或工時為何，所有受薪階級每年至少有二十五天的固定假期，甚至失業了還有政府支薪照顧，請病假有薪水，身心過勞也可領補助金，怎麼算都不會過得太差。

但，我不是才剛從小島上的朝九晚五，每月五號等著領薪水的輪迴中，走出來嗎？怎麼走到了這裡還在計算著一樣的規則呢？不遠千里，花了三年的時間從學校考取證照後畢業，就是為了讓一成不變的工作，擁有更多附加價值，並且可以更自由支配時間，選擇並做真正所愛。

可是，真的存在這種可能性嗎？

在法國，對於這類相對自由、彈性工時的工作型態，統稱為自由職業者（Auto-entrepreneur）。自由職業者可以是花藝師、甜點師、麵包師、水電工、木工等，只要提出職業技能證明，向政府單位申請，審核通過後，便可以設立屬於自己的公司行號，成立獨資型自有公司。

而這個公司的擁有者，不但可以替其他同業工作，也可以自行接案，為自己的客人服務。但比較起真正的公司，自由職業者的公司，還是稍有限制，例如：年營業額依照商業類別，不能超過法定標準額，而且自由職業者是無法聘雇員工的。所以我認為，與其稱它為公司，倒不如稱為自由職業者的一人工作室。

那不是正好嗎！我想替不同的花藝師工作，也想要擁有屬於自己的客人與個人工作室。只是，要在法國這種紙上談兵的paper country拿到正式的公司行號談何容易。除了要列出厚厚一本的公司設立計畫書外，光是和巴黎商業法院一來一往的書信，便能讓所有人生規畫延宕無極限。尤其身為一位非法國籍的台灣人，我還有更艱難的簽證問題要用力克服，光是這些障礙，便足以讓人一夜白髮。

自從巴黎花藝師學校畢業後，我便在辦簽證、求職與繼續求學的三大輪迴中，接受一次又一次的洗禮，或者該說是衝擊。繼續求學相對容易，只需要付學費註冊，便能再次拿到學生簽證，但是持續在學校學習，真的是求進步的唯一選項嗎？再者，求職，受老闆魔鬼式的操控，完全沒有自我創作空間，好像也不是心中的花藝師願景。

想來想去，好像也只能邁步向前，拚一場了。前方路遙，還是比不上從小島一路航向法國的旅程那樣吃力，畢竟，在這裡待了幾年，好像更能理解法國政府機關的運作風格，而且，法文能力也被各種生活樣貌磨得更流利了。萬事俱備，就只欠一串抽象的公司行號，我便能擁有夢寐以求的花藝工作室。

著手準備計畫書，除了要有營業項目外，預期效益與營收也是商業法院審核的條件之一，畢竟有能力成立公司，也要有能力賺到錢把自己養活對吧？總不能在毫無規畫、慘澹經營的情況下，轉而向政府領取失業補助金。商業法院的營收審核標準不算太高，每個月只要能賺到法國基本薪資以上，就算達標。再來，就看遞出去的營運計畫，能不能被政府埋單了。

身為一位外國籍的公司老闆，除了要拿到商業法院發放的公司行號外，也要有一張合法的自由職業者簽證，兩者缺一不可。我是在專門發放簽證的警察局與商業法院間來回遊蕩了六個月後，才讓工作室正式開張營業。這段行走於政府部門間的歲月，真的只要經歷過一次就好，再來一次，我絕對強硬拒絕。

花藝，確實是一段學無止境的道路。尤其來到巴黎，站在巨人的肩膀上看各種花藝的可能性，更是覺得：原來，自身花藝經驗的空缺，經過了幾年，還是不曾被填滿。

於是我選擇留下來了，就像這座城市不曾背叛過我一樣，在經歷好幾次的擦身而過後，巴黎還是選擇了我，我只能更欣喜地向她走去，好像選擇回到故鄉那樣，儘管老實地待在故鄉溫暖的胳臂裡，只管替它付出更多。

要繼續在巴黎的花店裡當一位正式員工並非不可，而且花藝師在巴黎的職業缺口永遠補不滿，除了人員流動率很高以外，巴黎各式各樣的展場活動與時裝周，無不需要花藝師。只是，我更想要替好多位不同的花藝大師工作，我想了解更多花藝的不同樣貌，我想看他們如何把玩手中的鮮花，如何創作屬於自己的藝術。這是我決定成為自由職業者的理由之一。

我始終記得到阿姆斯特丹實習的日子，放假便四處探訪花店，和城市裡的花藝師對談，彼此交換荷蘭與法國對花藝的不同態度與看法。其中，有一位花藝師是這麼對我說的：「你從這麼遠的國家到巴黎學習花藝是非常幸運的，我年輕時也和你一樣，雖然比起你的旅程，從荷蘭到巴黎近多了，但我幾乎每個月都會搭一次夜車到巴黎，從早逛遍所有的五星級飯店，再搭夜車回到阿姆斯特丹，就為了看一眼巴黎各大飯店大廳的花藝陳列與擺設，那是我吸收花藝養分的方式，尤其巴黎美學，總是遙遙領先全世界。」

他從抽屜裡拿出一疊草稿畫紙向我展示並說：「當年相片存取昂貴又不容易，這些都是我在巴黎素描而來的珍貴精髓。什麼花該配什麼裝潢，什麼色調用在什麼場合，什麼花瓶該投入什麼素材，全都被我一一描繪。只是我現在很少翻來看了，因為經過幾十年的練習，所有的想像，都在我的十指之間，想甩也甩不掉哩。」

旅途中所學，有時候真的比坐在學校聽講，來得更多。旅行，像是進一所世界級學校，海納各種前所未見。而旅行中與他人的對談，就像是對世界級的老師提問，掏出各種無所不知。

所以我留下來了，在上千種選擇中，我決定在花藝學校畢業後，拿著自己考到的花藝師證照，向法國商業法院還有移民官展示，我想在法國擁有一人工作室的決心，我還想漂泊，在離小島千百里遠的地方，繼續探索花藝的所有可能性。

卯起勁，展示所有的執念，真的可以，一步步走到自己最想要的所在。自從那一年，遇上花藝後，我總是這麼相信著。

開張營業

不同國家的文化差異大到難以想像。在台灣，做做小本生意相對簡單。找到喜歡的店面承租，從裝潢到正式迎接顧客，頂多幾周，便能開始創造營業額。然而，這些習以為常，做來容易的事，在法國絕對很難成立。什麼沒日沒夜裝潢，拚幾周內開幕，可是我從沒在法國聽說的謠言。

耐心滿溢的等待，絕對是一種能力，一種在法國被訓練出來的能力。

打從有了成立工作室的念頭，直到正式向法國政府遞件，大概花了三個月準備，包括填寫申請表格、撰寫商業計畫書、決定工作室的營運類別等。遞件後，有一搭沒一搭地與政府部門文件往來，直到半年後，才收到正式的官方文件，確定我的一人花藝工作室成立。

要捱過這段心力交瘁的時期，可不是容易的事，畢竟每遇到一個問題，官方平均回覆等待期，落在一至兩個月不等，政府機器運作的速度，比想像中慢了好幾段。意志力、行動力、耐受力，無一不慢慢鈍化，況且還必須忍受，半年間毫無收入的簽證類別轉換期，畢竟身為外籍工作者，沒有簽證就無法工作，現實總是殘酷無比。

好事，難求一次到位。真實的場景總是一點一點拖磨，從無到有慢慢建立，而後，先求有再求好。工作室的營運亦是。

工作室的第一位客人不是路人甲，而是一位花藝師，那是我拜訪了數十位同行後，得來的第一個回音。我從分攤他人業務上的壓力開始做起，在各種不同類型的花藝師底下工作，有時在他們的花店上班，有時受邀一起佈置商業會場，有時一起接下婚禮場佈的案子，大家各自分工。除了賺錢，也賺更多經歷。

一次，我們十幾位花藝師開著數台十五噸位的貨車，經歷了四十八小時都沒闔眼的準備，來到十七世紀就存在的子爵城堡（Château de Vaux-le-Vicomte），準備再迎接二十四小時無日無夜的陳列，巨型桌花、吧台花、舞台花，還有十幾具水晶燈，一次需要四位壯漢才能扛起一盞。這場由美國新人跨海到法國舉辦的婚禮派對，一共用了十幾萬朵鮮花，幾乎從未見過的排場。

子爵城堡是路易十四的財政大臣為自己所蓋，就連後來的凡爾賽宮都要求比照，甚至超越它的奢華姿態，城堡的腹地面積大到沒有盡頭，從前院跨過城堡主體走到後院，會真的相信自己到過十七世紀。

那天早晨，我在一座大理石雕像上裹上保護膜，再固定住一塊塊吃水的花藝海綿，準備把花材點綴在這白色半身的大理石雕上，接著，我看到一點一點的鮮紅血漬，落在大理石幾近光滑的半裸肌膚上。原來，身體不堪負荷，鼻血直流，我轉頭看了同事一眼，向他展示我的狀態後，一團衛生紙往鼻子裡塞。新人再三小時就要進場了，難不成該躺下來睡一覺嗎？顯然，工作還需繼續進行。

而且要能在這種幾百年的古堡裡替新人辦一場婚禮，機會可說千載難逢，我怎麼可以說放棄就放棄。

又有一個夏天，那是幾乎在蔚藍海岸度過的盛夏時分。我和另一個花藝師團隊一起，在羅斯柴爾德別墅（Villa Ephrussi de Rothschild）替兩場不同的婚禮場佈，連續且從未停歇。拎著一卡小皮箱從巴黎南邊的奧利機場出發，再次回到巴黎的公寓，已經是十幾天後的事了。換來的，是被蚊子咬得看不見肉色的四肢，和一張被紫外線烤得乾皺的臉。

羅斯柴爾德別墅的美，是被蔚藍海岸的碧藍所襯托，是被九個不同風格造型的花園一把撐起。我們沒來得及賞景，只是躲在別墅花園的一角，避免賓客探見。無日無夜地準備花材，尤其是中午過後，日頭赤炎炎，黃昏開始，氣溫稍降但蚊蟲肆虐，夜晚則是，扛下海岸線特有的黑，持續上工，所幸登山用的頭燈小有助益，花藝師們邊頂著微光邊插花，義式濃縮咖啡搭配能量飲料，戰鬥不懈。

更慘的不是蚊蟲、不是高溫、不是黑夜，而是在所有工作都完成之際，領不到該有的報酬。自由職業者是這樣的，我們無法與他人簽正式的工作契約，而是依照合作者間的默契與信任，替彼此工作，用各自的專業，抵換報酬。我們像是經營一家人力公司般，以分計時賣出自己的專業，但沒有合約保障的工作，難免無憑無據，就憑一張付出勞力後開出的有公司號的發票，總會遇上不買帳的人客，延遲付款事小，更要怕的是，可能這輩子都討不到的工錢。

自由職業的花藝師，顯然有好有壞，有支配時間的自由，也有找不到客人的困境，常有的便是，兩者交替伺候。夏季，絕對是市場需求最旺盛的時節，婚禮、派對樣樣來。淡季，就是一整個月都苦蹲工作室，一通電話也不曾響起。

除了替其他的花藝師工作外，我當然更喜歡替自己的顧客服務。工作室第一位「真正」的客人，是一位藝術展覽的主辦人，他要我替畫廊的開幕展設計櫥窗。第一次獨挑大梁，比上台演講還要慌張，演講說不好頂多兩個小時就過，但是櫥窗設計一擺就是好幾周，還要害怕臭名在社群網站上傳遍千里遠。

展覽開始前一周，我搭上花藝師朋友文森的便車，凌晨四點從巴黎出發，前往巴黎近郊的Rungis花市看貨，它是全法國最大的國際批發市場，除了切花外，最好的肉品、蔬果等，都送往這裡，等待識貨人採買。

文森早已是十幾年經驗老道的花藝師，他和攤商的熟識程度，不是我這種剛起步的採貨者可以比擬的。往往，他可以比我拿到更好的切花批價，有時則是更新鮮的花材。文森把我介紹給他熟識的攤商，攤商們無一不上下打量。

我向幾位賣家詢價後，確定下訂花材的數量與時間，有那麼一瞬間，我讀出他們的眼神，真心認為，他們是看在文森的面子上賣給我的。即便買的花材種類繁多，但是數量卻少得可憐。對批發商來說，我比較像是那種沒什麼未來願景的麻煩採貨人吧。畢竟略具規模的花店，少說數百枝玫瑰花或洋桔梗起跳，大把大把地買。而我則是秤斤論兩的，不要超過預算才好。

又有一次，我是包計程車上花市採買的，只是花都買好了，疊滿了推車，但計程車早已不見蹤影。拖著一車的花，在荒郊野外的清晨，回不了巴黎。一位同行看我驚慌失措，向前搭話，示意要免費把我載回工作室。我害怕地想著，會不會人和花都回不了巴黎，而在這種沒有人煙的市郊被變賣了？

好在，工作室成立不久後，我成功地拿下法國駕照，這類採貨會遇上的問題，逐一解決。我開著車，獨自往返花市與工作室之間，安然無恙，不求他人。自由職業者的能耐就是對戰帖從不畏懼，只能極度努力面對難題。那是自從決定在法國繼續往下走的那一刻起，從未變過的堅持。

常見又無法解決的問題則是，客人詢價又放棄的估價單，有時花了一兩個月的時間，從了解需求到完成場地設計圖，換來功虧一簣，那才是最累人的挑戰。

工作室的營運並不總是穩定，我有時還是需要替其他花藝師工作，賺點外快，才能補足營業額的缺口。其餘的時間，倒是能自己接接案，小型婚禮、私人宴會都還算能應付得來，工作量大時，找幾位曾在學校一起學習的同班同學出手相助，也算不上什麼困難的要求。

要在現實生活和理想生活間取得平衡，不太容易，而且要一直莫忘初衷地喜歡著自己的選擇，更是困難。

我想起剛搬來巴黎的第一天，計程車從戴高樂機場開到租屋處的路上，經過了艾菲爾鐵塔周邊。如今，偶爾從工作室出發送花的路上，一樣的景色映入眼簾，彷彿不斷提醒著，當時的我是如何到來，現在的我又是如何走著，而未來該如何，心中暗自有了想法。我喜歡我和花在一起的樣子，如果可以，還要一直喜歡下去。

那些巴黎的花藝師

若談起這些成天在巴黎與花為伍的花藝師，就必須溯源到幾十年前的巴黎，當時這些賣花的人，他們不僅賣花，也賣鳥類。

鳥類？對，依照商業法規所列，所有能成為人類同伴的動物都可以和植物們一起販售。時代在走，但這些規定卻沒有跟著變動。還記得我和巴黎商業法院申請的營業商號嗎？上面清楚地寫著營業類別「花、植栽、作伴的動物與牠們的飼料等相關細項」。

只是現在賣花也賣動物的商家越來越稀少了。

巴黎第四區有個漂浮在塞納河上的島，名為西堤島（île de la Cité），據信，那裡是整個巴黎的起源地。島上有個著名的巴黎人的花市，那是個已經存在一．五個世紀以上的花鳥市集，顧名思義，百年來，這裡同時販售鮮花及鳥類。近年在環保團體的抗議聲中，販售鳥類的商業活動逐漸退場，但來到這裡還是可以感受巴黎人喜歡買花、買植物的氛圍。西堤島上的花市總是遊客滿滿，其中也不乏當地居民。

說到市集，就必須聊到巴黎的各種傳統市場，在這裡，總可以找到物美價廉的鮮切花。除了工作需求必須常常到Rungis批發花市買花外，我還是最喜歡到傳統市場挑選新鮮的季節花材犒賞自己，那是生活在巴黎最接地氣的方式。

巴黎的花藝師真是百百款，各有各的風格，各有各的驕傲。如果說塞納河把巴黎一分為二，那麼在我看來，它也把巴黎花藝師的風格類型，劈為兩半，分得清清楚楚毫不模糊。

河的左岸自古文人雅士聚集，在雙叟咖啡館或花神咖啡館寫出千古留名的曠世巨作，這一帶當然也有世代相傳的花藝師駐紮，他們捧著老一代傳承下來的手藝，仍然在巴黎的風雨中屹立不搖。

左岸特有的花藝風格似乎就是住在第六區、第七區的那些老巴黎要的，堪稱經典中的經典，圓形花束、漸層配色，玫瑰花好比標配，最後來點尤加利葉點綴，替花束收尾，細膩且溫文儒雅。那是我在巴黎花藝師學校，第一堂實作課綁出來的作品，作為花藝師，人人必學、人人必會。

如果要舉例，我大概會直接想起座落在國會後方的百年花藝老店Moulié吧，雖然在後起新秀的花藝師眼中，他的風格可能太過倚老賣老，但他可是長久以來提供愛麗舍宮總統官邸御用花卉裝飾的首選花店，他對自己的市場定位，賣得對也賣得好，畢竟官方場合，總不能要什麼標新立異，中規中矩才算符合需求。

相較之下，我倒覺得右岸的花藝師可愛多了，他們甩開了花藝書本上的框架，只管把各種色彩繽紛的花玩得更加奇形怪狀。他們和左岸的老派經典有所區隔，右岸的花藝師沒有老字號可以倚靠，反而活力四射。

我自己列有所謂右岸花店的散步指南，那是工作之餘的休閒活動，每次一走，都有不同激發，就像逛羅浮宮或是奧塞美術館一樣，走不厭也看不膩。

我最最喜歡，是從歌劇院周邊出發往蒙馬特山丘走去，那是像爬九份一樣的小山坡，過了個彎便會看見另一片海，這裡則是，過了條小巷，便能探見各種角度的聖心堂。巨大的反光的大理石白，前後左右各有姿態，各種花店散落聖心堂腳下，像是在九份山上探尋面海的茶館般，每走幾步，都是奇遇。

Debeaulieu這間花店絕對是近年巴黎最閃耀的一顆星。主理人皮耶接下的精品合作案，數也數不清。各種染色花、乾燥花，甚至姿態怪奇的花材，在他手中被把玩得不成花型，花藝圈裡老一輩的花藝師看不慣他的作品，但又何妨，他早已是一種新興風格的代名詞，以突出的姿態在巴黎花壇站穩腳跟。

接著再往山丘上走去，巴黎第十八區Abbesses地鐵站周邊，什麼樣的花店都有。尤其一間在小巷弄裡三坪大的Muse花店，總是那麼奇幻。各種古董花瓶、古董傢俱與舊燈飾，把小到不行的店面變成奇異世界，搭配各種價格昂貴的鮮切花、進口花材與季節花卉互補著，總讓人目不轉睛。

我和主理人馬吉德有過幾次合作，出生伊朗的他，從會計師變成花藝師，花了十年的時間在巴黎苦苦磨練，闖出了一點名號。我覺得那是巴黎特有的，對美的偏執，只要夠美，巴黎絕對給你空間，讓你留下，管他什麼國籍，這座城市終會讓你想走都走不了。

另一條私人散步指南則是，從第十區的聖馬丁運河出發，一路往瑪黑區走去。第一站勢必要拜訪店名很有鄉村風味的Bleuet

Coquelicot，光是喊出這名，就像身處鄉野中那綿延無盡的花田裡，望向藍色的小花Bleuet與罌粟花Coquelicot，畫面有如莫內描繪的那幅〈散步〉（La promenade）。

花店櫥窗是個有流水的魚缸，各種海草與魚群生動展示。店內所有花材都來自離巴黎不遠的農田，也就是近年廣受討論的Slow flower理念，這裡多半只賣法國產的季節鮮花，就是要降低碳排放，減少環境汙染。花店的營業時間可謂隨興且崇尚自由，平日就只開四小時，我也是經常撲空。

再往東南走，Désirée是一家餐廳與花店複合式的經營，也主打Slow flower理念。在這間花店裡，來一道產地直送的料理，再買一束產地直送的花束，確實很適合一個悠哉閒暇的假日午後。

接著往瑪黑一帶走去，那裡可謂各種世界潮流的典範。除了探訪花店外，也該瞧瞧巴黎人精心打扮的各種穿搭風格，他們總是在這一帶出沒，喜歡展現自己的生活態度，也喜歡別人給的注目禮。

這裡有一間埋在建築物裡頭的花店，神神祕祕的。Castor可不是那種隨便就能走進去買花的店，與其說是店，它更像主理人Louis-Gérand的花藝工作室，據說，花店前身可是要價三十萬歐元的藝術畫廊。

各種花材散落在黑色的塑膠水桶內，堆在工作室的地板上，這裡，連所謂擺花放花的層架都沒有。我認為，Louis-Gérand的花藝作品無處不存在解構風格，那應該是學建築與藝術的背景所賜吧，總之，他的花藝事業經營有道，哪天，把這樣的理念拿到保守的左岸試試，或許很難這麼成功。

無論左岸右岸，花店散步指南對我而言，像在抽絲剝繭各種花店的靈魂。看看花店賣什麼花材，是熱帶的各種蘭花切花，還是來自非洲肯亞、塊頭很大的玫瑰；又或者是擱著法國產地直送的紫繡球不用，偏偏要賣哥倫比亞產的染色繡球。

深入探索，每間花店對花材包裝的要求也各有不同。那些老掉牙的連鎖花店拿出各種顏色的包裝紙，把原本就嬌豔珍貴的花，裹上色彩繽紛的包裝外衣，看來就像喧賓奪主。好在，也有簡約優雅的花店，拿出一大張白色的厚紙，順手一抓，包裝便成型又好看。

接著觀察，花店裡擺著什麼樣的花瓶。有些店就愛展示各種昂貴不菲的古董花器，到這種店無論消費或是工作，都必須十二萬分地小心，否則賠上一筆鉅款都不為過。有些花店主理人，才不信花瓶能夠替花創造多少價值，只是拿著鐵做的水桶一層一層地展示花材，像是工廠直送那樣，也能做起生意，不信你到瑪德蓮廣場（Place de la Madeleine）看看，就知道我想說的是什麼狀態。

若真要說起，巴黎到底還是花藝師的天堂，什麼可能性都有。婚禮、商業櫥窗、大盤批發、時裝秀、船屋餐廳，無處不是商機，而且什麼風格都能泰然存在，不怕沒人支持。

比起遠遠的小島上，我們的花藝正在起步成型，總是難有巴黎那種霸氣出場的姿態，但又何妨？如果每個人都可以從愛上花開始，那麼有一天，我們一起創造出的，也將會變成小島上特有的花藝文化，像是西堤島上已經存在百年以上的鳥語花香，為世代的巴黎人持續服務著。我們就再也不必，說自己是日系、是韓風，又或者是法式。我們可以的是，單純地愛花，單純地愛上花為生活帶來的美好。

在工作室裡找快樂

說真的，在巴黎工作的花藝師數量，氾濫好比巴黎的麵包師，前者提供的是精神糧食，後者賣的則是每天所食。又好比，小島上四處都有的手搖杯店，巴黎花店密度可謂相同等級，不分軒輊。人手一杯飲料，好比人手一束鮮花。

從台中搬到巴黎，從與電腦密不可分的工作型態，轉為分分秒秒都在觸碰鮮切花的重度過敏患者，從社會人士走回校園習花，又轉為自由職業的花藝師。我實在沒想過，原來兩千多個日子，能夠帶來這麼多的轉變。

在巴黎的日常生活，跟這座城市的窈窕姿態不太相同。我沒有它與生俱來的非比尋常又或性感嫵媚，所謂的日常便是，遊走在自己的工作室與眾多不同的巴黎花店之間。從小島遷移到法國的五年來，生活不離花，生活也離不開花，日常就是花，有幸地，要說膩，好像還很遙遠，要說愛，還真的已經在愛上的途中。

到底，要在巴黎找到花藝師的工作，是不是件容易的事？如果，法文還算行得通，那麼求職命中率，已達百分之五十。再者，倘若對花店的「經營型態」毫不挑剔，那也許，在巴黎應徵上一份花藝師職務，不是那麼困難。

說經營型態形容得倒是客氣，精確地說，大概是要忍受身為一位創作者，與花店間的各種不同想法吧。畢竟作為一位受雇者，總是無法決定，手裡的花該怎麼綁怎麼插，花店該進什麼花材販售，又該用什麼資材包裝。吃人頭路可無法時刻向老闆下戰帖，就算身懷絕藝，還是乖乖地當個小螺絲釘就好。

只是我對花藝仍然充滿各種不同的想像，我可不想一輩子受他人的想法禁錮，我對花就是有自己的詮釋，不甘作為他人花店裡的小螺絲。

於是那耗費青春，與法國商業法院搏鬥得來的公司商號，顯得更具意義，若能好好利用，便能從他人的舞台上退場，在自己的品味裡，盡情享受與花有關的一切。

工作室成立後，必須面臨各種不同的壓力，一切不再像領固定薪資一樣簡單。除了要想辦法擴大收益外，還要努力對抗法國政府萬萬稅的行政風格，我經常是看著財務報表，一算再算，畢竟營收的五分之一要上繳政府，可不是輕鬆的事。

但能有幸擁有屬於自己的工作空間，總括起來的快樂百分比還是遠遠高於痛苦難耐，我確實在這個有點苦口的選擇中過得甘之如飴。工作室裡總有讓人難忘的客戶、讓人記憶猶新的婚禮派對，還有更多的是，唯有和客人在一來一往之間，才能慢慢學會的事。

對我而言，打理工作室和真正的花店營運比較起來，輕鬆多了。前者像是百米短跑，有案子時全力衝刺；後者猶如全程馬拉松，無時無刻不鬆懈。

就拿鮮花植栽進貨來說，花店的日常就是，一周總有三四天便要往大盤花市去，除了要好好學著跟批發商打關係外，尤其在寒風徹骨的冬季，太陽升起，已經是早上八、九點過後的事了，而那時，所有的花店主理人早已開著塞滿切花的發財車，準備從花市回到巴黎的店面開門營業哩。

再拿共事的花藝師來說，打理工作室，總可以有所選擇地，和想要的人一起合作。工作室有案子時，吆喝三五花藝師朋友，駕著租來的發財車，開心地往花市去，車子是大是小就讓案子的規模決定，工作夥伴是多是少，亦是如此。有時，我則一人悠哉地，按照想要的速度，獨立完成所有任務。

工作室接洽來的案子可以是婚禮、是寶寶出生宴、是結婚六十周年慶、是喬遷派對、是純粹地想要家裡充滿花。比起真正的花店常規，和花藝師朋友們的行動，感覺更像是一次性的小郊遊，我們在往返花市的路途中，聊著花藝界的小道消息，再怎麼遙遠的路程都變得更近。

和客戶們談好的案子，是照我們都喜歡的劇本往下走，什麼花材、什麼色系、多少數量，早就是計畫中的事。開車到花市取貨不必起個大早，案子要用的花材早就在很久以前，撥一通電話，都預購好了。我們只管把花都載回巴黎的工作室，理花、插花然後出門外送去。

比起他人，我更幸運的是，經常可以深入那些位於巴黎十五區、十六區的獨棟豪宅裡，替客人佈置家裡的鮮花擺設。那滿屋子我從沒看過的好像博物館般的藝術品，真的付上一張門票錢入場觀看都不為過。打理豪宅的管家們，早就做好準備，把沒有標價的花器們通通注入乾淨的水，我只管盡情地把花，一枝又一枝地往容器裡放。有時，他們也熱情地遞上咖啡或剛出爐的甜點，要我中場休息。

要能有效率地完成花藝作品，絕對不能忽略理花程序。

理花是這樣的，首先得填滿一個個高低不一的黑色水桶，低的給短的花用，高的給長的花用。再來，人人手裡握起一把刀，先除刺、除葉，接著把花腳削出美美的四十五度切面，切面越大，花的吸水面越大，保鮮期得以延長。當然這些標準流程也得因花而異，例如海芋、康乃馨、非洲菊等，喝水過多，花腳便會又臭又爛，餘生過得一塌糊塗。

這些理花的小細節，總在削過數以千計的各種花材後便會明白。像米其林大廚一樣，總得在熱氣奔騰的廚房裡，低頭刨個幾年的馬鈴薯或紅蘿蔔後，才能往紅酒燉肉那種手路菜的道路上走去。

把從花市運回來的花，理得整整齊齊，按照色系、吸水屬性，劃地區分，接著依照長短胖瘦與脆弱堅硬，一桶一桶排列整齊，便是一項平凡無奇，但一日之中成就感最高的時刻。

那是一種出於對種植者的感謝與對花材的尊敬。一個敬業的花藝師，就是可以把花材處理得適得其所，照料得無微不至。如同一位料理人，深諳食材特性，能把烹飪火候控制得恰到好處，不枉捕魚人乘風破浪的辛苦與畜牧者風吹日晒的艱勞，把刀下的食材煮得津津有味，便是對他們的最大回敬。

理花後的創作時光，又是工作室裡的另一項任務。任務艱鉅，乃是要與時間賽跑，趕在花開後與各種典禮儀式開始前，把做好的鮮花成品，用最優美的姿態送到指定場合，稍有差池，誰也無法原諒誰。

花藝師最大的壓力，不是工作室的資金問題，而是收到的花材狀況不如預期，原本算好的花量瞬間縮水，計畫中的十公尺長桌鮮花，硬生生斷了一半；又或是，交出去的花沒有在正確的時間綻放，新娘手裡的捧花含苞不開，喜慶頓時垂頭喪氣；更慘的是人手不足，時間不夠用，典禮都要開始了，我們卻還在花叢中，火裡來，水裡去。

我想起《進擊的鼓手》這部電影，男主角揮汗流血瘋狂敲鼓的眼神，血滴、汗滴狂野地甩在鼓上的樣子，那是無論哪種灰心都打敗不了他想成為第一鼓王的堅忍不拔。那也是每當問題又在工作室裡上演時，我拚命理花插花尋求解套的樣貌，這種十萬火急的場面，總能把人逼得更上一層樓。

雖說偶爾到別人經營的花店上班，賺取更多的收入，是生活上的必須，但能夠在自己小小的工作室裡，對花痴狂，一次又一次完成各種花藝使命，沒有一刻不開心。時間一久，我也在兩者間求得一絲現實與理想層面的平衡，況且，這些選項都義無反顧地，與花膩在一起。

心中小小的夢便是，在不久的將來，手邊的工作室可以長大成不同的樣貌，可以不再是，為了節省租金而捨近求遠，為了降低成本而無法對外開放，為了減少花材耗損而克制進貨量，只選擇真正有需要的品項，捨去多加嘗試的練習。

希望有這麼一天，它也能夠座落在巴黎那些小巷小弄裡的一角，頂著奧斯曼建築的外牆揚眉吐氣，偶有溫柔的陽光向落地窗走進來，偶有雨水滴答澆著店門外的幾盆植栽，搭配著路上的人聲鼎沸。

悠哉理花的我，閒來無事向店門口望去，一位穿著風衣的老巴黎，牽著毛髮飄逸的中型獵犬，正朝自己的店裡走來，急忙滅了手中的菸，開口向我道聲日安，要一束給自己家裡的花。我替他搭配著精心從小農手中買來的季節花材，一邊和他聊聊七、八月度假後的喜悅，也聊聊最近這個街區新開的好餐廳，多麼有氣氛，一定要上門試試。再把綁好的花，往他手裡遞過去，謝謝他喜歡我的風格，謝謝他喜歡我的花。

那是不久的將來，在我腦海裡的，工作室以外的，更多更多的快樂。

玫瑰人生

Édith Piaf唱〈玫瑰人生〉（La vie en rose）世界出名，唱出愛情讓她看見了玫瑰色的人生。我當然也有自己的玫瑰人生，那是除了愛情以外，生活在巴黎探索花的點點滴滴。在巴黎生活是這樣子的，無論春夏秋冬、日暖風和或淒風苦雨，都該有一番生活哲學，而我的哲學就是與花形影不離。

花，廣義來說，便與日常瑣碎息息相關。花，可以讓人想到花瓶容器、四季更迭、愛情最大或是花香四溢。

以花瓶為例，便可分為玻璃、陶瓷、銅器、手拉胚等各種材質，有工廠大量生產、有強調法國製造的手工玻璃，還有更特別的是在二手市集裡掏到的各種花瓶寶貝，有些號稱是二十世紀的舶來品，有些則是獨一無二充滿歲月傷痕的珍貴水晶。

把盛花的容器視為花藝創作的基礎，從巴黎的方形石板路上步行出發，要找到真心中意的款，實屬可遇不可求。那些開在黃金三角路口的傢俱店或古物店，它們展示的花瓶標榜現代藝術或幾百年前產的洛可可風，價格高攀不起。

我終究喜歡往小巷裡探頭，逛逛藝術家選物店或是有點凌亂的二手古物商店，十幾次裡總有一次能挖到寶，在巴黎耗上一整天，四處探頭看玻璃櫥窗裡的排場，或是進入店裡品味，都稱不上浪費時間。

再說，這些店家逛起來，一次比一次更值得回味，它們有的是，除了花器以外的各種藝術表現，古物店的店員，說起故事來總能滔滔不絕，讓這些冷冰冰的藝術品，幾乎以互動式的小型博物館姿態存在著。

盛花的容器倘若入手，那可值得慶祝一番。在這個偌大的城裡，能找到幾個屬於自己的珍藏，何其不容易。不如就坐在巴黎的路邊，來杯咖啡或是點杯紅酒，聽聽桌邊的巴黎人最近都聊些什麼話題，看那路過的行人，手裡都提著什麼東西，又怎麼精心往身上打扮，把一天活得像一部經典的法國電影，配上路邊的街景，不需專業訓練，任誰也可以演得風情萬種。

再說回花，如果在巴黎住了下來，可得好好認識住家周邊的各種傳統市集與花店。選上幾間喜歡的時常光臨，日子久了，像買菜送蔥一樣，顧客與經營者間，培養出一種獨特的默契。他總會告訴你，現在季節產什麼花，今天花店裡又進了什麼好貨，選哪一種花最耐、最適合和你常用的那款花瓶匹配。而且，什麼花該怎麼照料，花腳該斜切或平剪，換水時該注入溫水或冷水，鐵定細心解說。

把買來的花放入自己精選的盆器裡，像進行什麼儀式般，一邊調整盆器與鮮花應有的角度和長短，一邊想起這個盆器有什麼故事，啊，是那次和好友蘇菲一起在聖圖安（Saint-Ouen）跳蚤市場上，被我們倆同時看中的古董貨。那是我在小島上從沒體驗過的，關於生活的態度與方式，好比，蘇菲從沒來過台灣，而我也從未逛過法國的古董市集。

如果沒有何其幸運地，能在這座古老的城長久地住下來生活，閒來無事般，在街口的花攤買花回家創作，其實也無妨。不如做一位都市叢林裡的探險家，把幾周或是幾個月的旅行，活得像在寫一部歷險記一樣。

我時常做的，就是在蜿蜒的小路邊，看各種商店裡頭，跟花有關的展示。到聖日爾曼區的藝廊，看他們用花把氛圍點綴得高尚典雅；到瑪黑區的服飾店，看他們用花襯托季節選物，無論質感或色系都是那麼恰到好處；又或者，直接到盧森堡公園晃一圈吧，那裡總是如此四季分明，有畫素描的人們、有坐在草皮上熱吻的戀人、有頂著寒風慢跑的居民、也有戴著太陽眼鏡閱讀小說，享受陽光沐浴的獨身者。

我也喜歡，按著地圖上指出的美術館，四處踩點。你能想像嗎？住在巴黎的你，跳上三十九號公車，二十分鐘後，便能抵達裝置藝術博物館（Musée des Arts décoratifs）。裡頭有各種新舊相併的裝置藝術品，最遠的可帶著你走入中世紀。我盯著純銀的十七世紀燭台、拿破崙三世特有的造型沙發、新藝術主義的吊燈，看了又看，目不轉盯。再想，也許哪個顧客、哪個場合，可以和這些藝術想法擦出火花。

所有在巴黎經歷來的，有別於過去，一切都如此新鮮，如此前所未見。但生活的鐵律就是，有美好也有不好，有希望也有失望。

例如冬季的巴黎，總是可以十幾天不見陽光，倒也不是諾曼第那一帶常有的陰雨綿綿，而是太陽就在雲層後面，藍天前隔層紗，怎麼都感受不到陽光的溫度，那種瘟疫般的陰鬱，足以把巴黎人的性格，感染得相當不客氣。這時，所有人好像都患有路怒，無法笑臉迎人。我們討厭天空的灰，更厭倦面無表情的人們。

還有，和法國人共事，可不像我在小島上曾經有過的經驗那樣一派輕鬆。除了文化背景不同，需要努力溝通磨合外，用非母語在異國生存本身就是永遠甩不掉的障礙，想要在法國人之間闖蕩，除了法文要說得好以外，只能說得更好，才有機會在眾人快速的語句間，勇敢伸張自己的立場。

總是避不掉的，就屬種族問題，那是怎麼努力都無法改變的顏色，那是你我絕口不提的禁忌主題。來法國生活前，我從沒想過，白人、黑人、黃種人、阿拉伯人之間，存在如此多的陳見與糾葛。在工作中，一不小心就會變成，各種膚色自成一圈。唯一可以努力的只有溝通講理，再沒辦法，就摸摸鼻子退到一旁吧，任誰都會挑食，我們總不能要求他人苦瓜、青椒、香菜通吃，對吧。

這些都是和花朝夕相處以外，更多關於生活的真實景象。必須下定決心，才有辦法找到屬於自己的解方，打贏這場異國生存戰。

剛到法國的頭幾年，我幾乎以幼幼班的身分在校園裡學習，花藝和法文皆是空白一片。隨著時間，白紙不再慘白。重新應用學校學來的技術，更甚，拋棄學校學來的技術，自己創造一番，但那幾乎是從學校畢業以後的事了。

起初在花店實習，最常被問到的問題便是，你怎麼會從台灣到法國學花藝？法國人自己甚至都不曉得，原來法國的花藝在世界各國都這麼有名氣。只怪當年法文說得不夠好，也沒有勇氣表達真正的心境，但現在，我已經可以一邊綁花，一邊聊天。把客人逗得哈哈笑之餘，順道結帳完畢，道聲再見、祝日安。

如有機會重新回答，我的想法便是：「巴黎的各種好，世界出名。但遠道而來的意義不只是貪圖它的好，不只為了獵尋這些前人所創造的各種美麗事物，反倒是透過親身經歷與體驗，才能轉換為屬於自己的、有靈魂般的存在。」

我只管好好享受這個語言，看遍路上的各種建築學，累了就在行人道上的露天咖啡歇一會，或是一腳踏進乳酪店裡，感受各種乳製品發酵的氣味。我學著他們，下班時先繞進麵包店買條長棍麵包再回家，又或是趁著假日市集，到熟悉的花攤晃晃，買幾把鮮花回家練習手感，而不是只為了別人要的花，到處工作。

與花相關或者與花無關的身體感官，都能在這座城市裡，被再次觸動。巴黎和全世界所有的大城市一樣，總是相愛容易相處難，無論你走到這裡是為了學習頂級的法式甜點、星級法餐、藝術或最潮流的設計，都不該只是照本宣科，不求進步地複製貼上。

一位在工作中認識的葡萄牙人迪雅哥，他這麼對著我抱怨：「我真的恨透這一行了，出社會後，為了脫離花藝師的頭銜，換過千百種行業。我離開花店，去餐廳端盤子，但一陣子後，又回到花店工作。這幾年來，我當過修沙發的工匠、快遞人員，甚至回到校園苦讀會計，就為了永遠擺脫這些鮮花。但壞消息是，我始終忘不了，一天苦站十小時，把這些沉重的鮮花一把扛起的滋味，所以現在才會站在這裡，邊削花邊向你發牢騷。」

必須要澈底愛上，才會願意承受各種苦練。

我已經從校園裡畢業，但我依然在巴黎學花，這座城市裡的藝術氛圍總和花藝這麼一拍即合。

我喜歡下班後，從髮絲到貼身衣褲都沾滿了植物的氣味。我喜歡，好幾天不眠不休地佈置會場，一覺醒來後又是全新的世界。我喜歡趁著假日，依著我的花店散步指南走著體驗。

迪雅哥愛花的方式是，從花店離開，再回到花店。我愛花的哲學是，把與花有關的第一次，全都獻給了巴黎，然後不離不棄地一路走下去。法國俗語說：「為了所愛的玫瑰，種花人甘願作為千根刺的僕人。」我唱的玫瑰人生也許不比Édith Piaf出名，但作為一位種下千萬朵玫瑰的愛花人，我甘願繼續披荊斬棘，在巴黎這座大花園，為各種可能性努力下去。

附錄

我的真心話

看完了我在法國成為花藝師的故事後，如果你還是對花藝充滿無盡的熱忱與抱負，也許，我可以以過來人之姿，提供幾個有用的資訊。我不敢說你可以輕易地穿牆鑿壁，安安穩穩走到終點，倒是，參考值增多，能縮減一些在搜尋引擎上漫無目的的瀏覽時間，對法國花藝的教育訓練體系有初步認識。

不幸的是，法國網站全以法文展示，如果看了一會兒就想點選關閉分頁，那我可以拍胸脯保證，雙腳踏上法國土地後的生活，絕對比瀏覽這類網站來得辛苦好幾倍。人生可無法像電腦視窗一樣，不斷點選重新開啟分頁，就可打掉重來。

還是必須思考一下，究竟想把花藝當成興趣還是當成終身職，兩者的差異甚大，能夠選擇的學校也不同。

如果真的想體驗法國花藝，倒不如選擇私人的、短期的花藝學校，依照學校開設的不同主題，選擇所好報名。台灣與歐盟國家間有九十天的免簽互惠，如果能到法國學花藝順便旅遊，也是相當不錯的生活經歷。

以婚禮設計課程為例，有些學校提供三天至五天不等的密集課程，其中不乏新娘捧花、婚禮桌花、胸花、花藝珠寶、拱門花藝等項目，課程的天數越長，能夠學的項目就更多，學費當然也越高。有些學校甚至會依照法國節慶提供不同的課程規畫，例如聖誕節、情人節等。

如果你是想把花藝作為終身職，那倒是可以長遠規畫花藝職涯，法國的職業訓練體系非常健全，如果法文說得還不錯，那也許可以CAP學程為標的，著手進行一年以上的留學規畫，並在學程結束前考取法國政府認證的花藝師執照。只是CAP學程的報名年齡限制為三十歲，也就是三十一歲（含）以上便失去報名資格無法入學。

此外，法國學生簽證審核必須以法國在台協會所公佈的章程為主，這是在出發前必須特別留意的地方。我當年也曾因為簽證問題，在學校和實習花店間踢到鐵板，所幸後來順利化解危機。

如果你對花藝證書並不那麼執著，不但是一位有經驗的花藝師，而且具備基本法文基礎，那我倒是建議你跳過CAP學程，直接到法國的花店打工度假吧，畢竟CAP學程長達兩年，而且一切從最基礎的花藝技巧學起，實在沒有必要用這麼長的時間複習已經知道的事。

在學校和簽證難題搞定後，接著首要面對的必定是住宿問題。在法國，尤其是巴黎，要找到不錯的套房，絕對是所有留學生必須面對的挑戰。法國房東有資格要求沒有薪資收入的學生提供擔保人（Garant），租房也必須提供一至兩個月不等的押金。

以巴黎市區為例，二十平方米的套房，月租金約為七百至一千歐元不等，端看套房地理位置與新舊程度而異。無論是法國籍的學生或留學生皆有資格申請房屋補助，政府每月補助金額約落在一百至三百歐元左右。

在法國這麼多年，看了不少房子也搬了幾次家，遇過詐騙也有收不回的押金。法國政府有許多保護房客的法規，也有法定租金規範，讀者必須多加留意。

擁有正式的法國住房地址是開啟法國生活不可或缺的要件，沒有正式的租房合約，所有行政程序都無法啟動，例如，無法辦理法國的手機電話號碼、無法在銀行開戶、無法申請社會保險卡（Carte vitale）享受健保福利等。

總之，到異國生活，人人皆有不同的經驗與體悟，有人半途落荒而逃，有人愛得無法自拔。我只是用短短的文字，分享所經歷過的瑣碎片刻，希望這些輕描淡寫的字句，能幫助所有願意到法國接受挑戰的未來花藝師。

法國巴黎花藝師職業訓練機構

※ ÉCOLE DES FLEURISTES DE PARIS

（2023年起改名為ÉCOLE NATIONALE DES FLEURISTES）

https://ecolenationaledesfleuristes.fr/

法國政府對花藝師的定義

（內含法國境內花藝師職業訓練機構列表）

※ ONISEP網站

https://www.onisep.fr/ressources/Univers-Metier/Metiers/fleuriste

法國巴黎短期私人花藝機構

※ CATHERINE MULLER
https://www.catherinemuller.com/

法國外省私人花藝機構

※ PIVERDIE
https://www.cnph-piverdiere.fr/

租房資訊相關

※ 法國在台協會網站
https://www.taiwan.campusfrance.org/faq

※ 駐法國代表處教育組
https://depart.moe.edu.tw/FRCH/
請搜尋：租屋注意事項

※ 臉書台灣人私密社團請搜尋「巴黎台灣同學會」

※ 法國政府房屋補助申請網站
https://www.caf.fr/

※ 法國政府房租估算網站
https://teleservices.paris.fr/encadrementdesloyers/

※ 法國租房網站 Leboncoin
https://www.leboncoin.fr/

國家圖書館出版品預行編目 (CIP) 資料

我在巴黎當花藝師 : 人生中途拐了彎 , 到法國從零開始的逐夢計畫 / 曾鈺雯著 . -- 初版 . -- 臺北市 : 遠流出版事業股份有限公司 , 2024.05
面 ; 公分
ISBN 978-626-361-645-5(平裝)

1.CST: 自我實現 2.CST: 花藝

177.2 113004217

我在巴黎當花藝師

人生中途拐了彎，到法國從零開始的逐夢計畫

作者——曾鈺雯
總編輯——盧春旭
執行編輯——黃婉華
行銷企劃——鍾湘晴
美術設計——王瓊瑤

發行人——王榮文
出版發行——遠流出版事業股份有限公司
地址——104005 台北市中山北路一段 11 號 13 樓
客服電話——(02)2571-0297
傳真——(02)2571-0197
郵撥——0189456-1
著作權顧問——蕭雄淋律師
ISBN ——978-626-361-645-5

2024 年 5 月 1 日 初版一刷
定價——新台幣 390 元
（缺頁或破損的書，請寄回更換）
有著作權・侵害必究 Printed in Taiwan

遠流博識網
http://www.ylib.com
E-mail: ylib@ylib.com